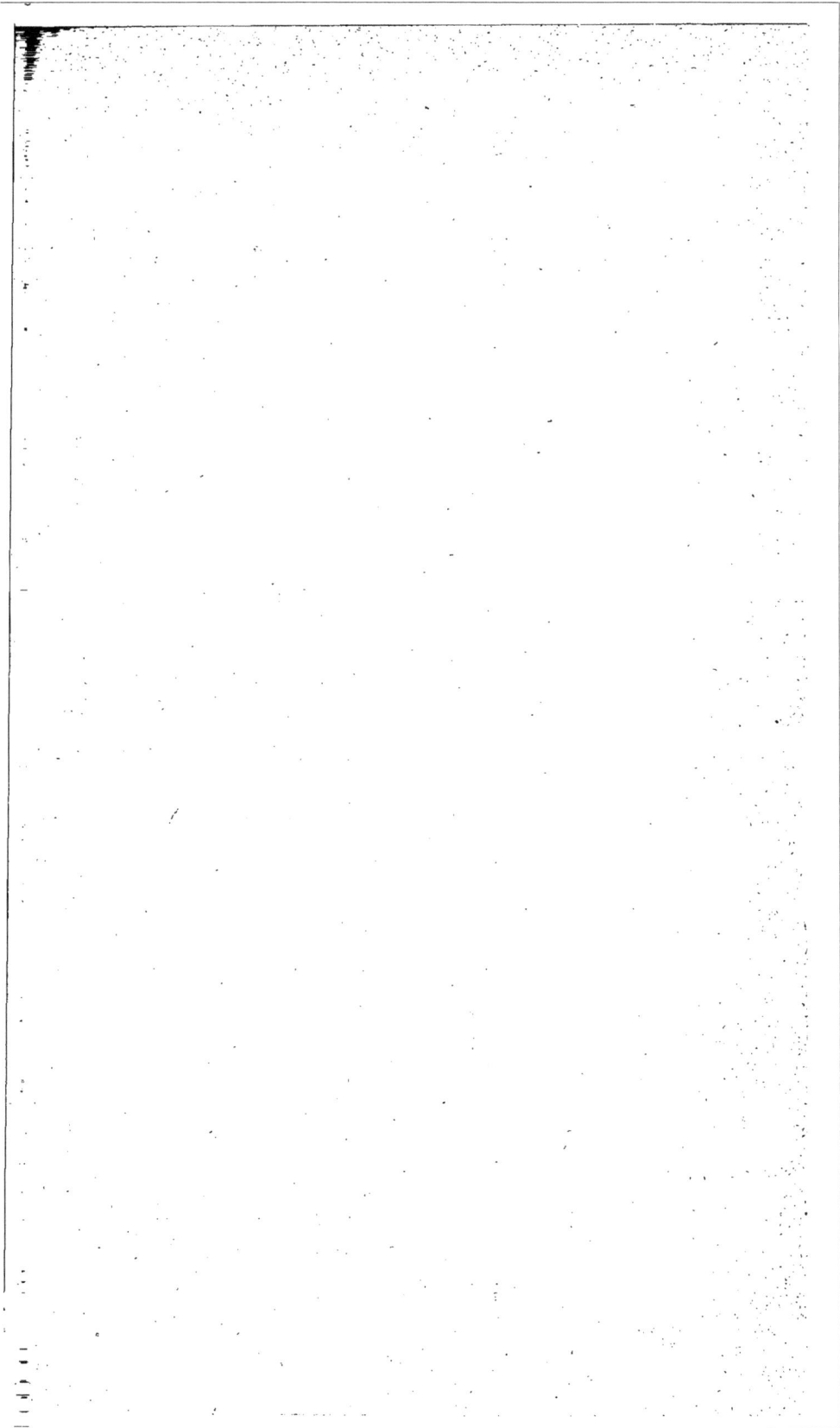

Histoire

du

Droit criminel

Chez les Romains,

par

Ferdinand Walter,

Professeur à l'Université de Bonn;

Traduite de l'allemand

par

J. Picquet-Damesme,

Chargé du cours de Droit criminel à la Faculté de Droit de Grenoble.

Paris,
A. Durand, libraire,
7, rue des Grès.

Grenoble,
Ravanat, libraire,
Place de la Halle.

1863

Introduction[1]

Il n'est pas rare qu'un écrivain de bonne volonté entreprenne de nous faire connaître un ouvrage justement célèbre chez un peuple voisin, mais dont le titre même est ignoré en France. Le premier soin du traducteur est alors de présenter en quelque sorte au public l'auteur et son œuvre dans un *avant-propos* destiné à en indiquer le mérite aux lecteurs, avant de les initier d'une manière intime et complète aux beautés de l'ouvrage. Nous n'avons point à remplir ce devoir envers un savant à la réputation duquel nous craindrions de ne rien pouvoir ajouter. La première édition de l'*Histoire du Droit romain* a paru en 1840, et n'a pas peu contribué à placer son auteur, M. Ferdinand Walter, professeur à l'Université de Bonn, au premier rang des jurisconsultes d'un pays qui est justement fier de leur nombre et de leur mérite. Mais ce n'est pas dans sa patrie seulement que M. Walter a fait apprécier une érudition immense unie au plus rare talent d'exposition; ses ouvrages ont reçu en France l'accueil et le tribut d'hommages que

---

1) Ces réflexions préliminaires sont du traducteur.

notre hospitalité sait loyalement accorder aux grandes supé-
riorités scientifiques. Nous avons eu pour interprète, en cette
occasion, un écrivain qui préludait alors aux travaux qui
devaient illustrer son nom; voici ce que M. Edouard Laboulaye disait, en 1841, du livre dont nous commençons la traduction : « Restait l'ouvrage de M. Walter [1]), et celui-là, du
moins, remplissait toutes les conditions que nous pouvions
exiger. Ecrit récemment par un professeur qui s'est constamment tenu au courant de la science, ce livre, purement historique, sans mélange aucun de droit actuel, nous semble
l'œuvre, sinon la plus originale, du moins la plus complète
qu'on ait publiée sur l'histoire du Droit romain. »

M. Laboulaye fit mieux que de louer l'œuvre, il entreprit de
la faire connaître, et publia en 1841 la traduction du quatrième
livre, en faisant espérer dans un avenir prochain le reste de
l'ouvrage. Mais vingt ans se sont écoulés, et depuis cette pro-
messe, M. Laboulaye, entraîné par d'autres études, a lui-même
écrit des ouvrages qui sont traduits, ou qui mériteraient de
l'être. Nous venons bien tard répondre au désir de ceux qui
espéraient voir continuer l'œuvre commencée, et nous ne
nous dissimulons pas un précédent qui rend notre entreprise
doublement périlleuse ; mais nous avons du moins l'avantage
de posséder une troisième édition du livre de M. Walter ; or, il
ne faut pas une longue comparaison pour s'assurer que chacune
de celles qui ont paru depuis la première, est un progrès sur
la précédente : ce n'est point, il faut le dire, un simple travail de
révision, mais une véritable refonte qui a été faite de l'ouvrage
primitif; aussi l'auteur mérite-t-il, plus que jamais, par les

---

1) Dans les lignes qui précèdent cette citation, l'auteur vient d'ana-
lyser les ouvrages les plus remarquables des jurisconsultes allemands,
se demandant auquel il donnera la préférence.

améliorations qu'il a apportées à une œuvre déjà remarquable, les éloges qui ont accompagné sa première apparition. Elle a été reçue parmi nous avec une faveur d'autant plus grande par les savants initiés à la connaissance de la langue allemande, qu'elle répondait, il doit être permis de le dire, à une véritable nécessité. En effet, et tout en rendant une pleine justice aux travaux remarquables de MM. Berriat-Saint-Prix, Giraud, Laferrière, Ortolan, etc., nous ne pouvons nous flatter d'avoir en France une histoire complète du Droit romain que nous puissions opposer avec quelque avantage aux nombreux écrits publiés sur ce sujet par les jurisconsultes allemands [1]). Sans doute, il serait glorieux pour un écrivain de notre nation de refaire, sans aucun secours étranger, et par la seule force du génie français, ce qui a été si heureusement accompli par nos voisins; mais, outre qu'on s'exposerait à suivre inutilement une voie déjà battue, ne vaut-il pas mieux reprendre les choses au point où les a placées la science

---

1) Voici les titres des plus importants :

Hugo, Lehrbuch der Geschichte des Römischen Rechts bis auf Justinian ; *Zimmern,* Geschichte des Römischen Privatrechts bis Justinian ; *Schilling,* Lehrbuch der Institutionen und Geschichte des Römischen Privatrechts ; *Danz,* Lehrbuch der Geschichte des Röm. Rechts. 1846 ; *Puchta,* Cursus der Institutionen. 1856, 1857 ; *Burchard,* Lehrbuch des Röm. Rechts. 1854 ; *Erxleben,* Lehrbuch des Röm. Rechts. 1854 ; *Esmarch,* Röm. Rechtsgeschichte. 1855 ; *Rudorff,* Röm. Rechtsgeschichte. 1857, 1859 ; *Rein,* Das Privatrecht und der Civilprocess der Römer von der ältesten Zeit bis auf Justinian. 1858, 1859 ; *Jhering,* Geist des Röm. Rechts ; *Bœcking,* Einl. in die Pandeckten des Gem. Civilrechts 1854, 1858 ; *Deurer,* Grundriss für äussere Gesch. und Inst. d. R. R. Il faut encore citer : *Gerlach et Bachofen,* Gesch. der Römer 1851 ; *Schwegler,* Röm. Gesch. 1853, 1858 ; *Mommsen,* Röm. Gesch. 1856, 1857 ; *Becker,* Handbuch der Röm. Alterth, ouvrage continué par *Marquardt.* 1849 ; *Lange,* Röm. Alterth. 1856.

allemande, en vulgariser parmi nous les admirables décou-
vertes, et fournir ainsi des matériaux à ceux dont le talent
peut ambitionner un rôle moins modeste que celui du traducteur ? C'est précisément la tâche que nous nous sommes imposée.

M. Laboulaye avait commencé son travail, malheureusement inachevé, par l'histoire de la Procédure civile ; nous
commençons le nôtre par celle du Droit criminel qui fait
l'objet spécial de nos études et vers lequel on ne peut nier
que soit dirigé en ce moment même l'intérêt de tous les
hommes de science, en même temps que les préoccupations de
l'opinion publique vivement manifestées par ses divers or-
ganes.

Le Droit criminel romain est peu connu et peu étudié en
France ; l'espèce de défaveur dont il est l'objet forme le
thème obligé de tous ceux qui, à de trop rares intervalles,
ont cherché à ranimer notre ardeur en la tournant vers cette
intéressante étude. D'où vient ce dédain pour une partie de
la législation qui se rattache plus intimement encore que les
autres, aux magnifiques institutions qui ont fait la gloire et la
force des Romains, et que nous devons avant tout admirer
dans leur histoire ? On n'ose plus faire l'éloge du droit civil
de Rome, de peur de répéter tout le monde en exaltant cette
raison écrite qui a inspiré toutes les législations modernes et
fourni des modèles que l'on ne se lasse ni d'admirer ni de
copier. Pourquoi donc laisser sans culture un champ qui a
été aussi fécond pour le Droit criminel que pour la loi civile ?
Peut-être se méfie-t-on de l'intérêt que peut présenter une
organisation judiciaire que l'on supposerait s'être prêtée aux
cruautés d'un Tibère ou aux fureurs d'un Caligula. L'époque
de servitude et d'avilissement condamnée à subir ces princes
détestables ne nous présente en effet qu'une législation

pénale déshonorée par le despotisme, et bien différente
de celle qui avait vu les beaux temps de Rome; mais on
y trouve encore, avec d'utiles leçons, les vestiges des institutions jadis protectrices de la liberté des citoyens, alors
détournées de leur sens primitif, et l'on peut mesurer l'importance de ces formes autrefois si respectées, par les efforts que
faisaient certains empereurs pour les dénaturer ou les dé-
truire. Cette étude offre donc, même à ce point de vue, des
enseignements qu'il n'est pas permis de négliger. L'une des
causes du peu de faveur qu'elle obtient nous est indiquée dans
une brochure récemment publiée sur ce sujet [1]; l'auteur
fait remarquer avec raison que l'enseignement de cette partie
de la législation criminelle tient fort peu de place dans nos
Facultés de droit; les Institutes de Justinien qui servent de
base à l'enseignement du Droit romain ne consacrent qu'un
titre très-incomplet à une simple esquisse de la procédure et
de la pénalité romaine [2]. Les élèves de nos Facultés sont
donc autorisés à croire qu'il n'y a rien à apprendre sur un
sujet duquel on leur enseigne si peu de chose, et quand
ils ont quitté les bancs de l'école, ils n'ont garde de revenir à
une étude dont la base première a manqué et dont les
détournent des travaux qui leur semblent avoir une utilité plus
pratique. D'ailleurs, les livres manquent également sur ce

---

1) *De l'organisation de la justice criminelle chez les Romains*, par
M. Gustave Humbert, agrégé à la Faculté de droit de Toulouse. Cet
opuscule n'est qu'un prélude à un ouvrage plus considérable dont il
nous est encore interdit de faire l'éloge; mais nous croyons ne manquer
à aucune réserve en annonçant sur les antiquités juridiques et le Droit
criminel romain en particulier, un travail destiné à combler pleinement
une fâcheuse lacune dans la science française.

2) Hæc exposuimus, ut vobis possibile sit *summo digito et quasi per
indicem* ea tetigisse... Inst. lib. IV, tit. XVIII, § 12.

sujet intéressant, et les auteurs qui écrivaient au XVIᵉ siècle sont encore aujourd'hui d'une indispensable ressource pour l'étude de cette matière; nous devons citer, en première ligne, l'ouvrage de Sigonius [1]), maintes fois abrégé ou commenté, et celui de cet excellent Pierre Ayrault [2]) qui renferme, il est vrai, une érudition moins sûre, mais dont la lecture est si attachante à cause du profond et sincère amour de l'auteur pour le juste et le vrai, et du courage avec lequel il défendait tout seul les droits de l'humanité à une époque où ils étaient si odieusement méconnus. Mentionnons encore avec M. Laboulaye, Paul Manuce [3]) et Hotoman [4]) qui écrivaient au même temps, ainsi que Ferratius [5]), résumé par Beaufort, lequel avait déjà propagé de la même manière le livre de Sigonius.

Cependant la studieuse Allemagne vint à s'emparer de ce sujet sur lequel se sont immédiatement concentrées l'ardeur passionnée et l'investigation patiente d'une légion de savants; aussi vit-on paraître presqu'en même temps toute une série d'admirables travaux malheureusement inconnus en France; les plus remarquables sont ceux de Geib [6]) et de Rein [7]),

---

1) *De Judiciis* lib. III. imprimé en même temps que le traité *De antiquo jure populi romani.*

2) *L'ordre, formalité et instruction judiciaire dont les anciens Grecs et Romains ont usé ès accusations publiques, conféré au stil et usage de notre France,* par Pierre Ayrault, lieutenant criminel au siége présidial d'Angers. Paris, 1588.

3) *De Legibus* et *De Senatu.*

4) *Antiquités romaines.*

5) M. Ant. Ferratii Epistolarum libri VI, in quibus omnia fere quæ in orationibus M. Tullii dubia occurrunt polemice illustrantur.

6) Geschichte der Röm. Cr. Prozesses bis zum Tode Justinians.

7) Das Cr. R. der Römer von Romulus bis Justinian. Leipzig 1844.

après lesquels il faut encore citer avec honneur, non seulement Walter et Rudorff, qui ont consacré au Droit criminel la
part qu'il doit avoir dans une histoire complète du Droit
romain, mais encore un grand nombre de noms également
ignorés dans notre pays [1]); leur liste serait, par son étendue
seule, une humiliation pour nous, si nous n'avions à mettre
en relief, pour compenser quelque peu notre trop évidente
infériorité, d'abord les ouvrages de MM. Faustin Hélie,
Ortolan, Du Boys et une étude de M. Rivière, mais surtout, et
fort heureusement pour notre amour-propre national, un
chef-d'œuvre que nous pouvons présenter avec confiance
à nos heureux rivaux; je veux parler du livre de M. Laobou-
laye [2]). Ecrit dans un style éminemment remarquable, cet
ouvrage renferme non-seulement, comme l'indique son titre,
une étude sur les lois criminelles des Romains, mais un
travail des plus complets sur leur constitution politique, le
mécanisme de leurs institutions et les vicissitudes de leur
histoire; l'auteur, en exposant avec fidélité les faits juridiques, n'a eu garde de négliger le côté historique et politique
de son sujet, et il a su mettre en pleine lumière des principes
et des enseignements qui ne se dégagent que péniblement de
l'ensemble de faits relatés avec tant de conscience et d'exactitude par les écrivains allemands [3]).

---

1) On les trouvera cités dans les notes de l'ouvrage de M. Walter
avec le titre de leurs œuvres. Voir aussi M. Laboulaye. *Essai, etc.*
passim.

2) *Essai sur les lois criminelles des Romains, concernant la responsabilité des magistrats.* Paris, 1845.

3) Voir par exemple comment les magistratures absolues s'équili-
braient et se limitaient par le concours. Pages XXII. 23 et suiv. 43,
119, 120; comment se détruisit cet équilibre, 76; sur la confusion perpétuelle qui existait à Rome entre la justice et l'administration. Pages

On ignore trop ce qu'était la législation pénale pendant les beaux siècles de la République, et cependant il suffirait de se rappeler la grandeur de Rome à cette brillante époque de son histoire pour en conclure par la plus sûre induction que le Droit criminel (toujours en rapport avec le développement des libertés civiles d'un peuple) y avait atteint le plus remarquable degré de perfection. C'est donc peu dire que d'affirmer la supériorité de cette organisation judiciaire sur celle des autres nations de l'antiquité ; pour lui trouver une rivale digne d'elle, il faut (en dépit de la théorie séduisante du progrès continu) franchir les siècles, et prendre pour terme de comparaison, non pas la législation pénale de nos pères, non pas celle des contrées de l'Europe moins avancées dans la civilisation, mais celle-là même qui régit aujourd'hui la France, et surtout l'Angleterre, avec les lois de laquelle le Droit criminel romain offre la plus frappante analogie.

Nous ne pouvons mieux prouver la vérité de cette assertion qu'en présentant ici même un tableau rapide de la procédure au temps où Rome, *maîtresse d'elle-même comme de l'univers*, possédait encore ces institutions libres, perdues en même temps qu'une organisation judiciaire qui en était la plus sûre garantie.

Dans les premiers siècles de Rome, la juridiction criminelle appartenait aux rois et aux consuls qui leur succédèrent, mais le peuple ne tarda pas à ressaisir un droit qu'il conserva jusqu'à la fin de la République. Il l'exerçait dans les grandes assemblées des comices-centuries ou des comices-tribus, quelquefois directement, plus souvent encore en nommant des commissaires (*quæstores*) qui rendaient la justice en son nom,

---

79, 107, 142; sur les causes qui amenèrent la chute des institutions républicaines, page 385 et suiv. 407 et suiv.

quand la nature d'une affaire rendait cette délégation nécessaire ou utile. Cet usage, une fois introduit, ne pouvait tarder
à devenir général, et il l'était déjà quand le tribun Calpurnius
Piso, que ses concitoyens avaient surnommé l'honnête homme
(Frugi), fit rendre une loi qui institua la première *quæstio
perpetua*. On appelait ainsi des commissions qui étaient permanentes en ce sens qu'il n'était point nécessaire de faire une
nouvelle délégation pour chaque procès, mais dont le personnel se renouvelait toutes les années. Dès ce moment, une ré-
volution était faite dans les lois criminelles. Chaque commission était instituée par une loi qui définissait le délit qu'elle
devait punir, et déterminait la peine à appliquer. La procédure était à peu près la même pour toutes les *quæstiones;* la loi
Julia publicorum judiciorum indiqua plus tard un ensemble de
règles généralement suivies dans chacune d'elles.

Les Romains attachaient la plus grande importance à tout
ce qui avait rapport à leur organisation judiciaire; le droit
d'y prendre part en qualité de juges appartint successivement
à divers ordres de l'état qui se le disputèrent avec un extrême
acharnement, et dont les querelles ensanglantèrent souvent
la République. Les deux Gracchus, ennemis du Sénat, réus-
sirent à lui enlever le droit de juger pour le donner aux chevaliers; Sylla le ravit à ces derniers pour le rendre aux sénateurs, et les deux partis ne cessèrent de lutter que lorsque
l'empereur Auguste les eut mis d'accord [1]) en organisant sur
une base nouvelle les commissions permanentes, et en s'attri-
buant à lui-même le droit d'appel, pour abandonner au Sénat
une juridiction illusoire et dédaignée que ses successeurs ne
lui laissèrent même pas [2]).

---

[1]) A la manière, il faut le dire, du juge de la fable.

[2]) Nous ne voulons pas dire que l'empereur Auguste ait mis la main

Jadis, chaque commission était présidée par un préteur ou
des *judices quæstionum* qui remplissaient à peu près les
fonctions de nos présidents d'assises quant à la police de
l'audience, mais dont le pouvoir paraît avoir été plus étendu
sous d'autres rapports [1]. Les *judices jurati* formaient le
second élément dont se composait une commission : c'é-
taient des citoyens chargés temporairement d'un service
judiciaire ou criminel. Pour remplir ces fonctions, beaucoup
plus importantes encore à Rome que chez nous, puisque les
jurés étaient appelés à statuer sur la responsabilité des magistrats à l'expiration des charges publiques, il fallait avoir trente
ans, moins de soixante, et faire partie de l'un des ordres dans
lesquels se choisissaient les jurés, c'est-à-dire, tantôt le
Sénat tantôt les chevaliers, ou appartenir au collège des

---

brutalement et tout d'un coup sur la puissance judiciaire pour se l'attribuer en entier. Ce prince connaissait trop les Romains pour heurter
aussi franchement leurs susceptibilités nationales. En habile politique
(voir dans Suétone le témoignage qu'il se donna lui-même sur son lit
de mort), il sut très-bien jouer à ce sujet un rôle qui put tromper pendant longtemps les esprits vulgaires en leur faisant croire à la perma-
nence d'institutions qui existaient encore de fait et de nom, mais dont
il avait su retirer le mouvement et la vie. Ainsi en usa-t-il en se faisant
revêtir des pouvoirs appartenant autrefois à plusieurs magistrats qui se
contenaient et se limitaient les uns les autres... Nommé consul, tribun,
pontife suprême et *imperator*, il maintint, il est vrai, les comices et les
commissions, et ne dédaigna même pas d'y paraître de temps à autre,
mais il accrut en même temps l'autorité du Sénat, pour diminuer celle
du peuple, et rendit peu à peu les jurés inutiles en établissant à côté de
cette juridiction une foule de magistratures qui l'étouffèrent. Enfin l'empereur jugea seul et directement lorsqu'il n'y eut plus ni libre défense,
ni libre accusation possibles. Voir MM. Laboulaye, Humbert, op. cit.
passim.)

1) Laboulaye, *Essai,* etc., pages 326, 327.

tribuns de l'*ærarium* qui, à une certaine époque, partici-
pèrent aussi à cette prérogative. Les fonctions de jurés
étaient incompatibles avec certaines charges publiques, et ne
pouvaient être exercées par ceux dont un jugement avait
flétri la considération.

Les noms des citoyens appelés à l'honneur de faire partie du
jury formaient une liste dont l'étendue varia plusieurs fois; la
loi *Servilia* établit un *album* de quatre cent cinquante jurés;
dans d'autres cas, il y en eut jusqu'à cinq cent vingt-cinq et six
cents. Quand Sylla eut arraché le pouvoir aux chevaliers pour
le donner au Sénat, les listes se composèrent généralement
de trente-deux noms, mais, dans plusieurs procès célèbres,
le nombre des jurés ne fut pas moindre de cinquante-un,
cinquante-six ou même soixante-quinze citoyens à l'époque
où le droit de juger était partagé entre les chevaliers et les
tribuns de l'*ærarium*.

Les listes étaient dressées par le préteur présidant les
commissions; mais Sylla ayant fait porter une loi qui prescrivait
une liste unique pour toutes les *quæstiones*, le choix du jury
appartint au *préteur urbain*, c'est-à-dire à un magistrat
nommé à l'élection, sujet à l'expiration de ses fonctions à
une responsabilité redoutable [1]), et dont l'action était limitée
comme celle des autres magistrats, non point par la division,
mais par le concours des pouvoirs publics [2]).

---

1) Il nous semble qu'il y a loin de ces garanties puissantes à la disposition de notre Code d'instruction criminelle qui, en 1826 encore, con-
fiait aux préfets le choix des jurés, confondait le pouvoir judiciaire et le
pouvoir exécutif dans la main d'un agent révocable de l'autorité, et
l'obligeait à former sa liste quinze jours avant l'ouverture de la session,
c'est-à-dire en pleine connaissance des affaires et des personnes pour
lesquelles elle était dressée.

2) Voir à ce sujet les explications données par M. Laboulaye. *Essai*,
pages 23 et suiv. 43, 119 et 120.

Les noms choisis par le préteur étaient inscrits sur un *album* publiquement exposé, et la même publicité contrôlait et protégeait tous les actes de la procédure ; c'est qu'à Rome le peuple qui souvent jugeait lui-même, croyait qu'il était de son intérêt de savoir comment se rendait la justice en son nom. *In plerisque judiciis*, dit Cicéron, *credebat populus romanus suâ interesse quid judicaretur.*

Les Romains ne connaissaient point le ministère public ; cette belle institution manquait à leur organisation judiciaire ; aussi l'action publique, qui chez la plupart des peuples modernes est dirigée d'office par un magistrat dans l'intérêt de tous, était laissée aux mains de la partie lésée ou de chaque citoyen qui voulait se porter accusateur. Ce rôle, considéré pendant longtemps à Rome comme un des plus beaux privilèges du citoyen, ambitionné et illustré par des hommes tels que Caton, Hortensius et Cicéron, ne fut abandonné que sous l'Empire, alors que l'infamie des délateurs eut fait un trafic de fonctions jadis exercées dans les vues les plus nobles et au grand avantage de tous.

Le citoyen, qui aux beaux temps de la République croyait devoir déférer un coupable au jugement de son pays et se porter publiquement accusateur, était d'abord tenu de s'adresser au préteur chef de la commission instituée pour punir le genre de crime poursuivi. Il demandait à ce magistrat la permission de citer celui qu'il voulait poursuivre, et attestait par serment la bonne foi de son accusation ; ce premier acte de procédure s'appelait la *postulatio*. Le préteur, après avoir examiné la demande qui lui était soumise, l'admettait ou la rejetait, suivant qu'elle lui avait paru recevable ou non en droit ; dans le premier cas, il exigeait de l'accusateur le serment de soutenir l'instance jusqu'au jugement. Quand il se présentait plusieurs accusateurs pour un même procès, le préteur était appelé à donner la préférence à l'un d'eux, et le débat qui pouvait s'élever à ce sujet portait le nom de *divinatio*. Ceux qui avaient dû céder le pas au citoyen choisi par le chef de la commission ne perdaient pas le droit de jouer un rôle actif au procès; sous le nom de *subscriptores*, ils se joignaient à la partie principale dont ils soutenaient les efforts de toute l'ardeur qu'excitait leur cause, exerçant une intervention directe dans tous les actes de l'instance, interrogeant les accusés ou les témoins, réparant les oublis échappés à l'accusateur principal, et prenant en un mot dans une affaire la part que peuvent y prendre de nos jours les intéressés que nous désignons sous le nom de *parties civiles*.

Venait ensuite la *nominis delatio*, c'est-à-dire la désignation du crime et l'indication de la personne accusée. Cette formalité dont le but était de préciser clairement les faits caractéristiques du procès, était remplie devant le président de la commission par l'accusateur et les *subscriptores* qui, pour éviter toute équivoque, étaient tenus de dresser et signer une sorte d'acte d'accusation qui résumait tous leurs griefs; le préteur rédigeait alors un procès-verbal constatant l'exacte observation de ces formes auxquelles on attachait une juste importance, car la cause ne pouvait s'engager que sur les questions soigneusement posées dans l'*interrogatio*.

Lorsque l'accusé, convoqué directement, ou averti par la publicité de ces démarches venait à se présenter au préteur, on lui faisait connaître immédiatement l'accusation qu'on préparait contre lui, et on lui en exposait les détails avec autant de loyauté qu'on mit plus tard de perfidie à la cacher aux malheureux inculpés. L'incroyable usage de laisser ignorer au prévenu jusqu'au fait pour lequel on l'arrêtait, de manière à lui ôter même la possibilité de réfléchir à sa défense est une des plus déplorables conséquences du système inqui-

B

sitorial, et ne fut jamais entré dans l'esprit des Romains.
« C'est véritablement couper la gorge à l'accusé, dit Ayrault [1])
— dans un de ces accès d'honnête indignation qui rendent si
attachants son livre et sa personne, — que de lui tenir secret ce
dont on le veut accuser jusqu'à l'instant qu'on lui amène témoins... ; la façon ancienne (de commencer par communiquer
à l'accusé le libelle de l'accusation) était plus douce et plus
équitable [2]). »

Quand l'inculpé avait connaissance de l'acte dressé contre
lui, le préteur présidant la commission portait son nom sur
la liste des accusés, ainsi que le fait pour lequel il était poursuivi *(nomen recipere)*. Il fixait ensuite le jour de la comparution devant le tribunal, non sans donner au présumé coupable
le temps nécessaire pour préparer sa défense ; ce délai, qui
variait généralement de dix à trente jours, pouvait être encore
étendu quand la cause comportait (comme par exemple dans
un procès de concussion, *crimen repetundarum)* la réunion de
documents multipliés et d'une recherche difficile. La même
publicité accompagnait et contrôlait les actes de la procédure
suivie autrefois, soit devant le peuple, soit devant le Sénat ou
les commissions. Après la dénonciation publique de l'accusation, l'inculpé était sommé de comparaître devant le tribu-

---

1) *L'ordre, formalité et instruction judiciaire,* etc.

2) Le Code d'instruction criminelle exige que l'acte d'accusation ne
soit rédigé qu'après l'instruction terminée, et qu'on ne le signifie à l'accusé que *vingt-quatre heures* avant sa translation de la maison d'arrêt
dans la maison de justice établie près la Cour où il doit être jugé. Un
auteur qui a beaucoup fait pour la libre et complète défense des accusés,
signalait cette disposition comme ayant tous les inconvénients reprochés
par Ayrault à la forme usitée de son temps. Voir M. Dupin, *Observations sur plusieurs points importants de notre législation criminelle.*
Paris, 1827. Page 114.

nal *(diei dictio)* ; mais quand le procès était porté devant les comices, le magistrat devait faire connaître par trois fois au peuple assemblé un jour de marché *(per trinundinium)*, la formule exacte de l'accusation *(anquisitio)* ; on ne commençait les débats que le troisième jour, quand les citoyens avaient eu le temps de réfléchir mûrement à la question qu'on leur avait posée.

Immédiatement après la *diei dictio* ou la fixation du jour des débats, l'accusateur, qui était absolument maître de l'action, réunissait tous les éléments du procès; au moyen d'une autorisation émanée du préteur *(lex)*, il pouvait procéder, sans trouver de résistance, à tous les actes de l'instruction ; c'est ainsi qu'il citait et interrogeait les témoins, qu'il faisait apposer les scellés et pénétrait librement dans le domicile des citoyens pour y opérer les perquisitions qui lui semblaient nécessaires. Il se faisait remettre les pièces *(instrumenta)* qui pouvaient l'aider à prouver l'accusation, ainsi que les registres domestiques *(codices accepti et expensi)* qui jouent un si grand rôle dans les procès de péculat et de concussion; ces documents étaient réunis dans un dossier sur lequel l'accusateur apposait son cachet; ils étaient ensuite déposés au greffe par les soins du *quæsitor*, et lus en plein tribunal sur l'invitation de l'orateur *(recita litteras*, etc.). Mais les Romains respectaient trop les droits de la défense pour donner à l'accusateur un pouvoir qui n'eût point trouvé de contrepoids dans une égale liberté accordée à l'accusé. Ce dernier pouvait donc suivre par lui-même, ou par un mandataire, toutes les démarches de son adversaire, contrôler ses actes et préparer sa défense en usant des mêmes prérogatives que l'accusateur. Cette lutte n'eût pas été à armes égales si l'inculpé n'eût gardé la liberté de ses actes et de sa personne, et tel était le respect des droits du citoyen que, dès les premiers temps de Rome,

l'accusé, même d'un crime capital, échappait à la prison en
donnant caution de comparaître au jour du jugement. Ce privilége qui avait été introduit, à titre d'exception, par les tribuns, dans un procès fait à Cæso Quinctius, ne tarda pas à
devenir d'un usage général et se maintint jusqu'à la fin de la
République. Non-seulement il existait encore au temps des
quæstiones perpetuæ, mais la nécessité de donner caution avait
même disparu, aussi rien ne garantissait la comparution de
l'accusé, si ce n'est l'amour ardent d'une patrie qu'il eût fallu
fuir sans retour pour échapper au jugement. « Un citoyen
romain, dit M. Laboulaye, quelle que fut la bassesse de sa
condition, était un des maîtres du monde, et des fers ne devaient point blesser ces mains souveraines [1]. »

La détention préalable était donc à peu près inconnue; cependant quand la nature d'une affaire exigeait des précautions
excessives, on employait contre l'accusé comme ressource
extrême, non point les chaînes ou les cachots, mais les arrêts *(custodia libera)*; dans le cas où l'on se décidait à user
d'une pareille mesure, celui que l'on n'osait encore traiter
en coupable, puisqu'il n'était point condamné, était confié à
la surveillance d'un sénateur ou d'un magistrat d'un ordre
élevé dans la maison duquel il demeurait jusqu'au jour de
sa comparution devant les juges. Il est superflu d'ajouter que
la gêne de l'isolement ou du secret n'avait aucune place dans
la législation, et eût été impossible dans la pratique; libre de
communiquer avec ses amis et ses défenseurs, l'accusé n'était
l'objet d'aucune de ces rigueurs inutiles et barbares, si propres
à paralyser la défense du coupable et à jeter le désespoir dans
l'âme de l'innocent.

C'est ainsi qu'à Rome on avait cherché à résoudre ce diffi-

---

[1] *Essai sur les lois criminelles*, etc., page 110.

cile problème de la détention préventive, qui aujourd'hui encore s'impose aux méditations des législateurs. En mettant en lumière cette partie remarquable d'une procédure pénale à laquelle on a pu reprocher sa trop grande douceur pour les accusés [1]), nous n'avons pas sans doute la pensée de la proposer comme un modèle absolu dans un temps et des conditions sociales bien différents; mais s'il est vrai qu'à Rome on ait exagéré, au détriment de la sécurité publique, les garanties dues aux inculpés, il est hors de doute aussi que d'autres législations les ont parfois mises en oubli, et si en pareille matière, comme en tant d'autres, le vrai se trouve entre les deux extrêmes, n'importe-t-il pas de connaître les divers excès dans lesquels on s'est jeté en sacrifiant tour à tour les droits de l'humanité ou ceux de l'état social?

L'application de la peine de mort devait trouver peu de place dans les usages d'un peuple qui admettait à peine la détention préventive, aussi disparut-elle presque totalement. L'accusé qui ne voulait point s'exposer aux chances d'une condamnation s'expatriait volontairement; il pouvait quitter la ville, non pas seulement au moment de sa mise en accusation, mais, chose à peine croyable, pendant le procès aux débats duquel il avait assisté jusqu'à la fin, et alors même que le vote déjà commencé avait amené le nombre de voix nécessaire à la condamnation..... Une loi sanctionnait alors l'exil, en interdisant le feu et l'eau à celui qui, s'il était coupable s'était puni lui-même, et s'il était innocent, avait eu le tort de douter de la justice d'un pays qui laissait à sa défense toutes les libertés.

Quand l'accusé ne voulait point profiter de la faculté qui lui était laissée, il comparaissait devant le tribunal au jour

---

1) Laboulaye, *Essai*, etc., page 322.

indiqué. Jadis, devant les comices-centuries, la citation se faisait solennellement au son de la trompe qui résonnait le long des murs et devant la porte du prévenu; c'étaient les *viatores* des tribuns qui le convoquaient devant les *comices-tribus;* enfin la citation n'était pas moins publique au temps des commissions permanentes; elle était faite par le héraut du préteur *(præco)*.

La formation du tribunal était nécessairement le premier acte duquel on s'occupait après la convocation des parties qui procédaient elles-mêmes à cette formalité de deux manières : par *editio* ou par *sortitio*, mais avec un surcroît de précautions en rapport avec l'importance d'un acte d'où dépendaient tous les autres. Quand le tirage du jury avait lieu par *sortitio*, il était fait par le président de la commission, qui, après avoir mis dans l'urne des boules contenant le nom de chaque juré, en tirait autant qu'il en fallait pour chaque affaire. Les parties n'étaient point tenues d'accepter purement et simplement le jury que leur donnait le sort, mais chacune d'elles pouvait, comme chez nous, exercer ses récusations sans indiquer de motifs; elles devaient avoir lieu publiquement; les jurés récusés étaient remplacés par un nouveau tirage au sort qui prenait le nom de *subsortitio*.

Lorsque le jury était constitué par l'*editio*, ce n'était pas le magistrat, mais bien les parties qui en nommaient les membres. Selon la procédure imposée par la loi *Servilia repetundarum*, l'accusateur commençait par désigner cent jurés; l'accusé en nommait un nombre égal, et chacune des parties récusait cinquante noms sur la liste proposée par l'adversaire; la loi *Licinia* établissait des règles différentes, mais elles tombèrent en désuétude, ainsi que le tirage par *editio* qui avait l'inconvénient de favoriser l'accusateur en lui donnant la parole le premier pour l'exercice des récusations.

Les jurés nommés prêtaient serment *(judices jurati)*, et le tribunal étant constitué, l'instance commençait immédiatement avec cette solennité grandiose habituelle aux actes accomplis par les Romains, et dont tant de chefs-d'œuvre nous ont laissé le magnifique témoignage.

Le préteur, assis sur sa chaise curule, domine l'assemblée du haut d'une estrade sur laquelle se tiennent avec lui ses licteurs ainsi que les greffiers et les huissiers du tribunal ; à ses pieds sont rangés les juges dont le nombre s'est élevé jusqu'à soixante et quinze, comme dans le procès intenté à Pison. Vis-à-vis d'eux se trouvent des bancs sur lesquels prennent place, d'une part les accusateurs, de l'autre l'accusé entouré de ses amis et de ses défenseurs ; un peuple immense, toujours avide des émotions que devait produire la parole d'un Cicéron ou d'un Hortensius, se presse dans le forum autour de l'enceinte respectée des débats judiciaires.

Sur un signe du président, l'huissier annonce que la cause va être entendue, et le préteur donne la parole aux orateurs.

L'accusateur se lève le premier pour exposer sa plainte, non pas avec cette réserve que la gravité de son ministère impose chez nous à l'organe impartial de la société, mais avec toute la passion permise à celui qui plaidait sa propre cause en même temps que celle du peuple qui l'écoutait. L'accusé répond à l'instant [1]), soit par lui-même, comme

---

1) Dans nos usages, la défense d'un accusé ne se produit que dans la dernière phase du procès, et bien qu'il y ait dans cette disposition de la loi une pensée de générosité envers l'accusé dont on veut entendre la voix en dernier lieu, ne peut-on pas craindre que cette pratique ne laisse le prévenu exposé à bien des coups qu'il ne pourra parer que lorsqu'ils auront fait à sa cause un mal peut-être irréparable ? En effet, on commence à lire aux jurés un acte d'accusation dans lequel on fait usage avec tout l'art et, je le veux, toute l'impartialité possibles,

dans les premiers temps, soit par son défenseur dont le plaidoyer, grâce à la différence des situations, pouvait développer
des ressources interdites à l'éloquence de nos avocats modernes ; en effet, placé en face de juges dont la décision est
souveraine, et non point devant des magistrats que la conscience doit protéger contre leurs émotions, l'orateur de
Rome cherche à les attendrir quand il ne peut les convaincre ;
il essaie de toucher leur cœur quand il ne peut s'adresser à
la stricte raison ; ses larmes demandent grâce au peuple qui
a le droit de l'accorder, et qui ne la refuse point aux blessures
d'un vieux guerrier, au souvenir des services rendus à la
patrie, ou aux larmes d'une famille en deuil.

Cependant la clepsydre qui, dans l'antiquité, mesurait le
temps abandonné aux orateurs, a laissé échapper sa dernière
goutte d'eau, et le héraut vient d'annoncer à haute voix la
fin des plaidoiries. L'office des *patroni* n'était point encore

---

de dépositions qui parfois n'ont de valeur que lorsqu'elles sortent de la
bouche même du témoin. Dans les causes importantes, cette lecture est
suivie d'un *exposé du sujet de l'accusation,...* et cela avant qu'aucun
témoin ait été entendu, et sans que le défenseur, en prenant lui-même
la parole, ait pu dissiper les préventions amassées contre son client ; il
ne pourra le faire que lorsque l'organe du ministère public aura encore
développé les moyens qui appuient l'accusation (Code d'instruction criminelle, art. 335). Il semble que c'est donner beaucoup d'avantages à
l'accusation sur la défense, et malgré la confiance légitime que doit ins-
pirer la sage impartialité de nos magistrats, qui n'usent qu'avec une grande
modération de la faculté que leur donne l'article 315 *), on ne peut
s'empêcher de concevoir quelques doutes et de se demander si la partie
n'était pas plus égale à Rome. Voy. M. Dupin, *Observations sur
plusieurs points importants de notre législ. crim.*, page 141 et suiv.
M. Bérenger, *De la justice criminelle en France*, page 436 et suiv.

(*) Voir l'exorde de M. le procureur général dans l'affaire Doize-Gardin. *Gazette des Tribunaux*, 17 et 18 novembre 1862.

terminé ; la procédure ancienne n'admettait pas, il est vrai, l'usage des répliques, mais il restait encore une ressource aux orateurs pour faire triompher leur cause et laisser les juges sous une dernière et favorable impression. Un dialogue rapide s'engage entre les parties *(altercatio)* par l'organe de leurs défenseurs qui, dans cette dernière lutte, s'efforcent de porter à leurs adversaires des coups imprévus, les obligent de répondre immédiatement à des interrogations brèves et précises portant sur les points les plus délicats du procès, et ramènent forcément la partie adverse sur un terrain dont elle s'était peut-être écartée à dessein.

Ce n'est qu'après l'exposé de l'accusation et de la défense que les Romains passaient à l'audition des témoins et à l'examen des preuves destinées à établir ou à combattre l'accusation ; cet usage difficile à justifier, dura jusqu'à Cicéron qui, dans le procès de Verrès, obtint de produire les témoins dans le cours même de son plaidoyer ; un précédent aussi important fut suivi dans la pratique, et Quintilien nous atteste que, de son temps, on en était arrivé à adopter sous ce rapport un ordre plus logique qui est aussi celui que nous suivons.

Nous avons déjà fait pressentir quelle devait être, sous le rapport des preuves, la latitude immense ou plutôt absolue, laissée à chacune des parties. Une théorie légale des preuves était impossible devant le tribunal souverain des assemblées populaires, comme devant le Sénat ou le prince ; il en était de même au temps des commissions où le peuple était représenté par des jurés dont aucune restriction légale ne venait emprisonner la conviction. Toute preuve était donc admise, et aucune d'elles ne se présentait avec un caractère qui dût s'imposer forcément aux *judices jurati.*

Le citoyen romain parlait librement devant ses juges ; son

inviolabilité le protégeait contre tout mauvais traitement, et il ne vint point à l'esprit des Anciens d'imposer à l'accusé un serment qui eût été une torture morale, ni de soumettre un témoin aux tortures physiques de la question ; mais, il faut bien le dire, c'était l'orgueil romain, et non des principes de raison ou d'humanité, qui protégeait ici la personne du témoin ; car s'il était esclave, et si son aveu pouvait avoir quelque importance au procès, ces lois si libérales lui infligeaient impitoyablement un supplice que l'inégalité de son application devait rendre plus odieux et plus cruel encore [1]). Cette différence entre les citoyens et les esclaves se maintint jusqu'à l'Empire qui fit de la torture un moyen ordinaire d'instruction, pour l'appliquer indistinctement aux esclaves comme aux maîtres, suivant les redoutables caprices d'un juge qui pouvait s'appeler Claude ou Néron.

Quelques lois limitèrent à Rome le nombre des témoins que pouvait produire l'accusateur ou la défense, mais elles ne le restreignirent pas dans une proportion qui pût compromettre l'une ou l'autre des parties ; la loi Julia permet d'en entendre jusqu'à cent vingt ; ceux qui avaient été cités par l'accusateur étaient forcés de comparaître, s'ils ne voulaient s'exposer à une peine qui était sans doute l'amende ou la saisie des biens ; l'accusé n'avait pas le même privilége, du moins au temps de la République, et les témoins qu'il produisait se présentaient volontairement sans qu'il pût les contraindre à venir à l'audience. Chez nous, grâce à l'institution d'un ministère public et au pouvoir qui lui appartient de citer les témoins, la balance

---

1) Il est vrai que lorsqu'un esclave avait souffert les horreurs de la torture dans un débat à la suite duquel son innocence était reconnue, on indemnisait..... le maître !! Voir plus bas les textes cités à la note 68 du § 851.

est égale entre l'accusation et la défense. Peut-être, n'en
faut-il pas dire autant de la loi qui remet au président de nos
assises le droit d'interroger l'accusé et les témoins, ou du
moins de diriger l'interrogatoire à son gré. Des auteurs dont
l'opinion fait autorité en cette matière [1]), pensent que, sous
ce rapport, les usages romains étaient supérieurs aux nô-
tres, et mieux calculés dans l'intérêt de cette égale liberté
qui doit appartenir aux deux parties. On ne peut nier que chez
nous le sort d'un accusé ne dépende, dans une certaine mesure,
du président des assises dont l'influence peut se manifester de
plusieurs manières dans le cours d'un procès criminel; c'est à
sa conscience, il est vrai, mais aussi à ses lumières et à son savoir que le législateur a abandonné la tâche de diriger les débats,
d'y maintenir l'ordre, d'interroger l'accusé, de résumer les
arguments présentés de part et d'autre, et de maintenir en
un mot l'égalité d'une lutte dans laquelle il lui est facile de
favoriser une des parties au grand détriment de l'autre. Ce
danger peut naître surtout de l'obligation faite au président
d'interroger l'inculpé et les témoins seul et directement,
tandis que l'accusé et son défenseur ne peuvent, conformément à l'art. 319 du Code d'Instr. crim., adresser leurs
questions aux témoins que par l'organe du président. Or,
comme le dit le lieutenant criminel Pierre Ayrault, « interro-

---

1) V. MM. Dupin, *Observations*, etc., page 150. Bérenger, *De la
justice criminelle*, page 541. Duvergier de Hauranne, *De l'ordre légal
en France, et des abus d'autorité*. Paris 1828. Laboulaye, *Essai*, etc.
Les lois postérieures à la publication de ces ouvrages ont donné satis-
faction à la plupart des critiques adressées par leurs auteurs à la législation de l'époque, cependant ils renferment encore des observations
qui n'ont rien perdu de leur intérêt, et qui méritent également aujour-
d'hui l'attention des criminalistes.

ger, c'est plus advocacer que juger, voire plutôt acte de partie
que d'advocat. Car, l'interrogatoire, pour être bon, se doit
faire captieusement et subtilement, y venir tantôt de droit
fil, tantôt en biaisant, maintenant en cholère, maintenant
doucement, qui sont toutes actions d'adversaire ou de so-
phiste, non de juge ou de magistrat [1]). » Il est difficile que
les questions faites par l'accusé au témoin conservent leur
spontanéité, et par conséquent leur valeur, quand elles ont
passé par la bouche du président qui a pu, soit les faire
répéter à l'accusé pour les mieux préciser, soit en changer
involontairement le sens et la portée en les reproduisant, et,
dans tous les cas, leur ôter ce qu'elles ont d'inopiné en
donnant au témoin le temps de préparer une réponse qui eût
été sans doute différente, s'il n'eût pas pu y réfléchir : « un témoin vrai, dit M. Dupin, s'embarrasse rarement ; mais un
fourbe a besoin d'être pressé ; c'est alors seulement qu'il se
trouble, se contredit, et laisse sa turpitude à découvert. » Il
faut ajouter que cette gêne n'est point imposée au procureur
général qui peut interroger directement l'accusé ou les témoins,
après en avoir demandé la permission au président. Dire que
dans la pratique, un usage général introduit par la bienveil-
lance et la droiture de nos présidents d'assises vient corriger
ce que la disposition de la loi a de trop rigoureux, c'est faire
ressortir encore l'inégalité des situations et le danger d'une

---

1) *De l'ordre et formalité*, etc. « La dextérité et industrie de bien
faire, dit encore le même auteur, a bien toujours été requise au magistrat ; mais aujourd'hui que toutes les fonctions qui résidaient aux
parties et aux advocats sont en lui, il faut qu'elle approche tellement
du nom de *ruse et de finesse*, s'il veut bien tirer les vers du nez d'un
criminel, qu'à grand peine saurait-on plus dire si ces artifices se doivent
appeler *justice* ou *circonvention*. »

puissance dont un homme passionné ou emporté par le zèle pourrait faire quelque jour un dangereux abus [1]).

A Rome, ce pouvoir périlleux n'était point donné au chef de la commission. Spectateur impassible des débats engagés entre les témoins et les parties, le préteur ne prenait la parole que pour y maintenir l'ordre, mais il en laissait la direction à l'accusateur et aux patrons. C'étaient eux qui interrogeaient successivement et directement l'accusé et les témoins, et qui, par des questions insidieuses, cherchaient à les surprendre, à les faire tomber en contradiction, en un mot, à leur tendre des piéges pour arriver par ce moyen à découvrir leur pensée intime. Ce rôle qui pouvait convenir à l'accusateur romain, n'est peut-être pas facilement conciliable avec la dignité de nos présidents qui doivent être comme les « parrains des deux parties, » *medium inter reum et actorem.* Cette attitude leur serait peut-être plus facile si, comme en Angleterre, la loi ne les obligeait qu'à assister à la lutte, sans les forcer d'intervenir dans un débat qui peut mettre leur impartialité à une épreuve parfois bien difficile [2]).

Quand les témoins avaient fini leurs dépositions, le tribunal entendait les *laudatores* dont le nom indique assez la mission au procès ; chacun d'eux venait exalter ce que nous appellerions aujourd'hui les antécédents et la moralité de l'accusé d'ordinaire leur client, leur ami, quelquefois l'administrateur

---

1) Comment ne pas se rappeler alors la sage maxime de Bacon : *Optima lex est quæ minimum relinquit arbitrio judicis, optimus judex qui minimum sibi.*

2) Voir à ce sujet un ouvrage tout récent qui contient avec d'excellentes recherches un esprit sincère d'humanité et de justice. *Les crimes et les peines dans l'antiquité et dans les temps modernes,* par M. Jules Loiseleur, bibliothécaire de la ville d'Orléans. Paris, 1863. Page 299.

de leur province pendant de longues années. Ces témoins complaisants étaient déjà trop faciles à trouver dans toutes sortes de causes, pour qu'un accusé pût se présenter à la justice sans être accompagné d'au moins dix *laudatores*; mais leurs efforts s'unissaient, en toute liberté, à ceux des avocats et des patrons, pour la défense de leurs clients. Cet usage, un instant aboli par Pompée, se maintint cependant jusqu'à l'Empire, époque à laquelle il changea de caractère, comme tout ce qui tenait à l'administration de la justice.

Mais le moment décisif du vote est arrivé; le héraut du préteur a répondu par le mot *Dixerunt* au *Dixi* du dernier orateur. Chacun des juges reçoit une tablette enduite de cire sur laquelle il trace un des trois caractères qui doivent manifester son opinion, en absolvant l'accusé (A), en prononçant sa condamnation (C), ou le renvoi à un plus ample informé (NL, *non liquet*). La déclaration de culpabilité ne pouvait résulter que de la majorité absolue des votes; un partage égal amenait l'absolution. On procédait, sans doute, à de nouveaux débats quand les voix se partageaient entre l'acquittement, la condamnation et le *non liquet* [1]).

Enfin, les juges se lèvent; chacun d'eux s'avance le bras nu, couvrant avec la main les caractères inscrits par lui sur la tablette fatale qu'il dépose dans l'urne destinée à recevoir les votes. Un juge désigné par le sort, les en retire l'une après l'autre; il montre au public le caractère inscrit sur chacune d'elles, et fait connaître aussi celles qui n'en portent aucun *(sine suffragio)*, puis il les passe au citoyen qui siége à côté de lui, pour contrôler la déclaration qu'il vient de faire. Le

---

1) C'est l'opinion de M. Laboulaye qui invoque à ce sujet le témoignage de Pline. V. *Essai*, page 376.

préteur annonce alors le résultat du vote, en prononçant l'absolution *(non fecisse videtur)*, ou la condamnation *(fecisse videtur)*. Quand les juges, profitant d'un privilége qui n'existait pas au temps des comices, avaient déclaré ne pouvoir se décider (NL), le préteur renvoyait l'affaire *à une nouvelle session* qui pouvait être suivie de plusieurs autres, jusqu'au moment où les *judices jurati* se seraient fait une conviction dans la cause. Cependant l'*ampliatio*, déjà plus rare depuis l'établissement des commissions permanentes, tomba en désuétude, et fut remplacée par la *comperendinatio*, c'est-à-dire, par une seconde plaidoirie qui avait lieu le surlendemain de la première, de manière à faire corps avec la précédente instance dont l'*ampliatio* se détachait essentiellement.

Le jugement une fois prononcé, le héraut se faisait entendre une dernière fois, en proclamant à haute voix l'*Ilicet* qui annonçait la fin de l'audience et congédiait les assistants [1]).

Cette esquisse d'une instance romaine empruntée à une législation trop peu étudiée en France, peut suffire (tout incomplète qu'elle est) à révéler les principes qui présidaient à l'instruction et au jugement, et dont quelques-uns vivent encore dans les lois criminelles des peuples civilisés. Mais cette admirable organisation judiciaire qui avait protégé les libertés des citoyens au temps où Rome méritait d'être libre, ne survécut pas aux grands hommes dont l'austère dévouement avait retardé la chute de la République. Minée dans quelques-uns de ses principes fondamentaux dont l'application avait été faussée ou perfidement exagérée, elle succomba; mais nous croyons qu'elle périt non par des vices

---

1) Semper *ilicet* finem rei significat : *Ilicet, .*quod significat : *Ire licet.* Donatus, In Terent. Phorm, 1, 4, 31. *Ite, missa est,* dit encore aujourd'hui le prêtre catholique en annonçant la fin du saint sacrifice.

inhérents à son institution, mais par l'effet de cette corruption
générale des mœurs si fatale à toutes les institutions qui
avaient fait la gloire et la grandeur des Romains. C'est ainsi
que le droit d'accusation publique étendu à tous les citoyens
exigeait un patriotisme et des vertus que Rome ne connaissait
plus quand elle eut ramassé les vices en même temps que les
dépouilles du monde entier ; c'est ainsi que le principe du
jugement par le peuple lui-même ou par des *judices selecti* ne
devait point résister à la cupidité qui envahit les juges et leur
fit préférer les richesses à l'antique probité de leurs ancêtres.
Prise dans son ensemble, cette organisation judiciaire, digne
de tant d'éloges, était infectée d'un vice qui nous en fait presque oublier les beautés, et qui devait, avant toute autre cause,
amener un jour sa ruine ; nous voulons parler de l'odieuse
inégalité de son application. Loi d'exception faite pour un petit
nombre de privilégiés, c'était un majestueux édifice élevé
pour les citoyens romains, et dont étaient impitoyablement exclus tous ceux qui ne possédaient point ce titre pompeux. C'est
surtout dans les lois criminelles qu'il faut voir combien était
immense, épaisse, infranchissable, cette barrière élevée par
l'orgueil du *civis romanus* entre Rome et le reste du genre
humain. Aucune partie de la législation ne témoigne d'une
manière aussi vive, et il faut le dire, aussi révoltante, de
cet égoïsme féroce qui, déguisé sous le nom de raison d'état,
sacrifiait impitoyablement tout ce qui n'était pas jugé digne
des priviléges de la cité. Chaque ligne de ces lois criminelles
révolte le sentiment de l'humanité par les distinctions iniques
qu'elles consacrent, soit dans les peines, soit dans les formes
d'une procédure si protectrice pour les uns, si impitoyable
pour les provinciaux, les esclaves, les gens de basse condition, les *humiles*. C'est à eux qu'elles réservent les supplices,
les chaînes, les horreurs de la torture, à eux qu'elles refusent

toutes ces garanties prodiguées avec un respect scrupuleux et un soin si excessif à la personne sacrée du citoyen romain, et les prudents dont l'esprit ingénieux accumule jusqu'aux hypothèses les plus invraisemblables pour expliquer une loi civile, ne se demandent jamais si l'esclave n'aurait pas comme homme quelque droit aux sollicitudes de leur équité. Cette perpétuelle application du *væ victis* dans des matières où elle est par-dessus tout odieuse, le contraste irritant qui règne entre les belles maximes des jurisconsultes sur le juste, et la constante consécration de la plus flagrante injustice, produisent dans l'étude des lois criminelles des Romains, une fatigue et aussi un enseignement qu'on ne rencontre pas au même degré dans d'autres parties de leur droit.

Il fallait plus que la philosophie des grands hommes de la Grèce ou de Rome pour triompher du plus cruel des préjugés, et pour faire reconnaître à l'orgueilleux citoyen un frère et un égal dans l'esclave que ses lois distinguaient à peine de l'animal, et traitaient souvent plus durement encore.... Une lumière divine a brillé au sein des ombres épaisses qui voilaient aux yeux de ces sages celui de tous les droits qui nous paraît aujourd'hui le plus évident et le plus sacré; mais, hélas! la lutte est longue entre le juste et l'injuste, ou plutôt elle dure toujours, et remplit l'histoire qui n'a de véritable intérêt que lorsqu'elle en retrace les diverses phases..... Puissent les flots de sang qu'elle fait répandre, aujourd'hui même, assurer le triomphe de l'humanité chez un peuple qui a su imiter Rome dans la pratique de toutes les libertés, en même temps que dans le maintien et la consécration de l'esclavage!

Ainsi, les Romains possédaient, il y a plus de dix-huit siècles, une organisation judiciaire qui, malgré ses défauts, présentait un ensemble digne d'être proposé encore aujourd'hui au

respect et à l'imitation des nations modernes. On y rencontrait tous les principes qui actuellement encore inspirent et
vivifient la législation des peuples les plus civilisés; le droit
d'accusation appartenant à tous les citoyens; la publicité des
débats, qui ne fut jamais plus complète dans aucun temps ; la
procédure orale, inconnue encore à des pays que l'on dit
marcher à la tête du progrès ; le jugement de l'accusé par
des citoyens choisis et agréés par lui ; une modération extrême
dans les châtiments; l'absence de toute rigueur inutile contre
l'inculpé que l'on soumettait à peine à la mesure quelquefois
nécessaire, mais toujours cruelle de l'emprisonnement préven-
tif; enfin, un ensemble de libertés largement équilibrées entre
la défense et l'accusation. Quelques-uns des principes de cette
législation ont survécu à la ruine du peuple qui l'avait fondée;
ils ont traversé les âges avec des fortunes diverses, quelquefois
complétement méconnus, souvent détournés de leur sens
primitif, mais se retrouvant toujours dans les institutions d'un
peuple libre, et destinés, il faut le croire, à prendre place
un jour dans les codes de quelques nations de l'Europe moins
avancées aujourd'hui que ne l'étaient les Romains il y a deux
mille ans.

Nous avons dit que les règles qui formaient la base de la
législation romaine, avaient été quelquefois complétement mé-
connues. Quel est le peuple, quel est le temps qui nous fournira
sur ce point un contraste complet? Faut-il le demander à l'époque la plus éloignée de notre histoire nationale ? ou aux premiers temps de la féodalité, à ce moyen âge trop attaqué de
nos jours, peut-être aussi trop défendu, objet d'admiration et de
critiques également injustes et passionnées? Non assurément;
car, au milieu des ténèbres d'une civilisation qui se reconsti-
tuait après tant de bouleversements, chez ces peuples que nous
qualifions peut-être trop facilement de barbares, nous trou-

verions une législation criminelle qui se rapproche, à beaucoup d'égards, de celle dont nous venons d'esquisser à grands traits les caractères principaux. Nous y trouverions, comme à Rome, l'action publique abandonnée sinon à tous les citoyens, du moins à la partie lésée; nous y verrions, comme à Rome, le jugement par les jurés, non pas seulement dans la cour féodale où, en vertu d'un principe fondamental de droit, l'accusé était jugé par ses pairs (l'homme-de poeste par ceux de sa chatellenie, le gentilhomme par des gentilshommes), mais jusque chez les Germains où le *mallum* était composé de *boni homines in mallo residentes*, conservant toujours en principe le droit de siéger au *mallum*, alors même que fatigués, mais non exclus de ces fonctions, ils avaient consenti à se faire remplacer par des *scabins* permanents. Les mêmes lois admettaient et exigeaient même formellement, une publicité sans réserve pour tous les actes de la procédure criminelle [1]), et repoussaient l'instruction écrite qui répugnait autant à la loyauté de nos aïeux qu'à leurs habitudes peu lettrées. Sans doute, le système des preuves offre une large prise à la critique et révèle l'esprit grossier d'un temps où la force matérielle triomphait trop souvent de la justice; mais du moins dans cet ensemble de pratiques barbares et absurdes qui corrompaient une organisation judiciaire féconde en grands principes, se manifeste la loyauté de nos pères, leur foi naïve et enthousiaste, et une invincible horreur pour les tortueux détours d'une procédure dont ils eussent exécré les cruautés. C'était en plein soleil, en face d'un peuple entier, que s'accomplissaient les actes de la justice, et si le combat judiciaire était un médiocre élément de conviction,

---

1) V. M. Trébutien, *Cours élémentaire de Droit criminel*, tome 1er, page 385.

du moins la lutte était-elle égale entre l'accusateur et l'accusé, et valait assurément la preuve que des juges d'une autre époque demandaient à la torture, odieuse pratique sur laquelle les lois germaniques gardent le silence le plus absolu. Ces mêmes lois commandaient aussi le respect de l'accusé auquel sa seule faiblesse savait trouver un appui dans ces temps généreux, et bien loin de le priver de défense ou de conseil comme le fit une disposition expresse qui déshonore la législation d'un temps bien postérieur, ces *barbares* aimaient mieux croire à l'intervention de Dieu lui-même descendant, pour ainsi dire, dans l'arène pour servir d'avocat à l'opprimé et faire triompher son innocence par un miracle au milieu d'une épreuve judiciaire !

Ce ne sont donc pas les lois de cette époque reculée qui nous offriraient le contraste que nous cherchons. Il faut franchir plusieurs siècles, et le demander à un âge à la fois plus brillant et plus rapproché du nôtre.

« Quiconque pense, a dit Voltaire, ne compte que quatre siècles dans l'histoire du monde; ces quatre âges sont ceux où les arts ont été perfectionnés. » La France peut, sans doute, revendiquer une large part dans les triomphes de l'esprit humain; aussi est-il deux époques de notre histoire nationale auxquelles nous reportons surtout nos regards avec une légitime complaisance, et dont nous aimons à offrir le spectacle à l'admiration des étrangers. L'une d'elles s'ouvre au XVIe siècle : un roi brillant de jeunesse et d'ardeur réunissait alors le prestige de ses qualités chevaleresques à celui d'un pouvoir absolu que ne connaissaient point ses prédécesseurs; seul il résiste à toute l'Europe liguée contre lui, et poursuit avec constance la gloire des armes pour obtenir surtout celle que donnent les lettres et les arts à ceux qui les aiment et les favorisent. Sa munificence intelligente attire et retient à la cour les savants et les artistes de l'Europe entière, et il donne à son pays le signal de ce grand mouvement intellectuel que les historiens nous présentent comme le réveil de la raison humaine, le triomphe de la pensée sur la force brutale, et le point de départ de la civilisation moderne. Un mot exprime et résume les aspirations et les gloires de cette époque qu'on a appelée *la Renaissance*.

Il était donné au règne de Louis XIV de porter encore plus haut la grandeur de la France, et d'unir à la gloire des armes celle des lettres, des arts et du commerce. Une pléiade de grands hommes se presse autour d'un trône d'où descendaient toutes les faveurs; leur génie nous a retracé dans d'inimitables chefs-d'œuvre les merveilles du règne le plus brillant de la monarchie française, aussi la gloire de ces témoins des splendeurs de Louis XIV est-elle inséparable de celle du monarque qui sut si admirablement choisir et récompenser le mérite; leur renommée lui fait, pour ainsi dire, cortége dans la postérité qui les confond dans un même hommage, et a donné le nom du roi au grand siècle qu'ils ont illustré.

L'étranger qui étudie nos annales est frappé de la grandeur du tableau que lui présentent ces deux époques. Il admire cette civilisation qui a produit les plus magnifiques monuments de l'art; ces progrès rapides accomplis dans toutes les voies de la science, et le majestueux ensemble qui résulte de tant de beautés. Il demande alors à connaître les lois pénales sous la protection desquelles se sont opérées ces merveilles; sans doute, elles sont en harmonie avec ces mœurs pleines de douceur et d'élégance; elles répondent par leur humanité, par la modération et la sagesse de leurs dispositions à cette haute culture intellectuelle manifestée par tant de chefs-d'œuvre exquis; elles sont, dans tous les cas, aussi supérieures aux

lois de Rome que la civilisation chrétienne et française du
XVIIᵉ siècle l'emporte sur les institutions des Anciens.....
On répond à cet investigateur trop intime en lui présentant
l'ordonnance donnée, en 1670, par Louis XIV, pour les matières criminelles, ordonnance qui maintenait et confirmait
un système de procédure inauguré en 1498 par Louis XII, et
développé en 1539 par François Iᵉʳ, à Villers-Coterets.

Voici le tableau et le contraste que lui offre l'ensemble de
cette législation :

Les ténèbres de la procédure inquisitoriale ont remplacé le
grand jour de la publicité romaine, et la grossière mais loyale
procédure des Germains. La dénonciation a succédé à l'ancienne action populaire ; la partie lésée n'accuse plus, *elle se
plaint*, et remet son action entre les mains des juges qui
procèdent aux actes de la procédure, et relèvent eux-mêmes
les nullités qu'ils y ont commises.

C'est par l'information que se recueillent les charges et les
preuves qui doivent les appuyer ; cette première phase de
l'instruction était secrète comme les autres, et n'admettait
plus même les faibles garanties de l'enquête qui, dans une de
ses formes du moins, exigeait la présence de l'accusé, lui
permettait de produire ses témoins justificatifs, et d'exercer
le droit de récusation. L'information se faisait dans le mystère,
par un seul juge, hors de la présence de la partie civile et
de la partie publique [1] et sans que l'accusé connût ni son
délateur, ni même l'accusation qu'on lui intentait. La procédure orale a disparu depuis longtemps, ainsi que le jugement
par les *hommes du lieu* ou les jurés, et tout se formule par
écrit ; le cahier d'informations qui contient les dépositions
des témoins est mis dans un sac, et c'est ce sac que l'on

1) Ord. de 1670. Tit. VI. Art. 9, 10 et 11.

apporte aux juges au lieu de leur amener les témoins qui parfois ne se présentaient que sous l'influence des *monitoires* publiés par les autorités ecclésiastiques.

Après l'information venait le décret, véritable jugement préparatoire en vertu duquel l'inculpé pouvait être pris au corps et jeté en prison, sans avoir encore connaissance du crime dont on l'accusait. Il comparaît cependant secrètement et sans assistance, devant un juge, pour subir son interrogatoire; mais ce juge est seul, et rien ne pourra contrôler ses actes. La mission de ce magistrat est de profiter du trouble et de l'angoisse des premières heures de prison, pour arracher à l'accusé un aveu d'autant plus suspect qu'il aura été précédé du serment, c'est-à-dire, d'une torture morale qui plaçait le coupable entre le parjure et le suicide. Épouvanté de l'horreur des crimes dont on l'accuse, et plus encore des circonstances qui semblent rendre sa culpabilité vraisemblable, rempli de trouble à la seule idée des supplices qui l'attendent s'il avoue, et de ceux auxquels il s'expose en niant le fait qu'on lui impute, le malheureux accusé demande à réfléchir aux questions redoutables qu'on lui fait; il supplie qu'on lui laisse le temps de réunir ses esprits, afin de trouver un moment de calme à l'aide duquel il fera tomber des préventions habilement suscitées. On lui déclare avec l'article 8 du titre XIV de l'ordonnance de 1670, que l'accusé doit répondre *sans délai*. Il implore alors le secours d'un conseil, d'un défenseur dont la science et le dévouement rassureraient son âme ébranlée, le guideraient au milieu des ténèbres d'une procédure où tout est embûches, et le préserveraient des piéges qui lui sont tendus par des accusateurs inconnus, peut-être ses ennemis. On lui montre alors le texte de l'ordonnance qui prescrit à l'accusé de *répondre par sa bouche, et sans le ministère du conseil;* prohibition odieuse, presque incroyable, oubliée par

Tibère lui-même, et qui, depuis l'ordonnance de 1670, s'étendait à tous les actes de la procédure, *même après la confrontation, nonobstant tous usages contraires :* « À tout le moins, s'écrie Ayrault, en 1588, nous devroit-il rester, le procès estant instruict, d'ouïr les parties en plaidoirie [1]! » Mais cette réclamation ne fut pas entendue, la voix de l'accusé devait être étouffée jusqu'à la fin de cette inique procédure, et le secret maintenu jusqu'à la prononciation du jugement, et même au delà [2]).

Lorsqu'après l'examen de la procédure, les juges ordonnaient le *règlement à l'extraordinaire,* on procédait au récolement et à la confrontation des témoins, mais l'accusé était tenu de proposer ses reproches contre eux au moment même où ils lui étaient présentés et avant la lecture de leur déposition, sans pouvoir obtenir un sursis pour s'enquérir de la vie et de la moralité de ces témoins inconnus, ainsi que des raisons secrètes qui peut-être avaient excité leur vengeance et dicté une déposition mensongère. L'accusé devait de plus nommer les témoins par lesquels il entendait prouver ses reproches ou faits justificatifs à l'instant même où ces faits étaient énoncés, soit par lui, soit par le juge, sous peine de n'être plus reçu à faire cette preuve [3]). En vain il demande à présenter des témoins qui déposeront en sa faveur, l'impitoyable ordonnance lui refuse ce droit pour le donner au juge;

---

1) Op. cit. Livre III, n° 75.

2) Les articles 8 et 9 de l'ordonnance consacrant la plus étrange des distinctions, accordaient à l'accusé le droit de communiquer avec un conseil *dans les accusations non capitales,* l'abandonnant sans défense quand il s'agissait d'une dénonciation qui pouvait entraîner la peine de mort, celle des galères, du bannissement, etc.

3) Ord. de 1670. Art. 154. 157. 158.

l'information à décharge est du reste séparée de l'information à charge, et il faut un jugement pour l'autoriser. Il faut aussi un jugement pour permettre à l'accusé de faire valoir ses faits justificatifs, il ne peut les prouver qu'après l'instruction terminée, et toute l'éloquence de d'Aguesseau obtient à grand peine, dans un procès célèbre, qu'un homme que l'on croyait assassiné pût prouver sa vie en se montrant aux magistrats avant la fin de l'instruction [1]).

Cependant les charges qui s'élèvent contre l'accusé ne paraissent pas suffisantes aux juges; leur conviction hésite à se former au milieu du dédale des preuves légales [2]) dans lequel les emprisonne la loi; la conscience et la raison des magistrats chancellent devant les artificieuses et innombrables distinctions faites par les jurisconsultes en cette matière; mais le législateur vient à leur secours, sa prévoyance leur a donné un moyen de s'éclairer, et ce moyen c'est la torture. Les juges ordonnent que l'accusé soit mis à la question; c'est dans ses gémissements douloureux, c'est dans ses cris de désespoir qu'ils cherchent la conviction qui les fuit; elle ne sera complète que lorsque les os du malheureux auront craqué sous l'effort des brodequins, ou que l'huile bouillante aura dévoré ses pieds. Si la force morale ou physique du patient résiste aux horreurs de la *question préparatoire*, s'il ne fait aucun aveu qui vienne ajouter le plus petit indice à cette preuve que les juges considéraient comme insuffisante, il

---

1) Voir le plaidoyer de d'Aguesseau dans l'affaire de M. de la Pivardière.

2) Voir dans M. Faustin Hélie l'inextricable labyrinthe des preuves *pleines*, *semi-pleines*, *manifestes*, *considérables*, *imparfaites*, *concluantes*, *démonstratives*, *réelles*, *présomptives*, *affirmatives*, *négatives*, *vocales*, *littérales*, *testimoniales*, etc. *Traité de l'Instr. crim.*, page 649 et suiv.

échappe à la mort..... mais, par une logique bien digne des lois pénales de ce temps, il peut être condamné à toute autre peine, même à celle des galères à perpétuité.

On pourrait croire que le législateur des ordonnances qui avait si étroitement emprisonné les magistrats dans le cercle de fer des preuves légales, s'était montré plus sévère encore contre l'arbitraire dans les peines, et avait tracé, en cette terrible matière, des limites infranchissables. Il n'en est rien; la pénalité de cette époque présente l'affligeant tableau des supplices les plus atroces appliqués avec une révoltante inégalité par des juges dont aucune loi précise ne contenait le libre arbitre. La potence, la roue, le feu, l'écartellement, l'amputation du poing, toutes ces barbaries ne peuvent satisfaire la soif de sang qui semble les pénétrer; il leur appartient de géminer les peines et de les combiner entre elles par le plus monstrueux des raffinements [1]), et lorsque les juges veulent abréger les tortures d'un malheureux condamné, ils le font par un article secret de leur sentence, un *retentum*, comme s'ils n'osaient ni céder à un sentiment d'humanité, ni enlever au peuple une partie du hideux et immoral spectacle que leur jugement lui promettait [2]).

---

1) C'est Pothier qui nous le raconte comme la chose la plus naturelle. Pothier dont la sagesse et l'équité sont pour ainsi dire proverbiales, trouve *très-sage* qu'un accusé soit privé de défenseur, et qu'on charge les juges de relever les nullités commises par eux-mêmes dans la procédure. *Traité de la procéd. crim.*

2) Le texte de l'arrêt qui condamnait Calas par exemple, porte, qu'après avoir été rompu vif, « il sera exposé sur la roue, où il vivra en peine et repentance tout autant qu'il plaira à Dieu de lui donner la vie » mais le *retentum* ordonne qu'il sera étranglé après deux heures, jusqu'à ce que mort naturelle s'en suive. Voir l'arrêt et le procès-verbal de l'exécution dans le livre de M. Ath. Coquerel fils, *Jean Calas et sa famille.*

La condamnation à une mort lente et *exaspérée* n'épuisait pas l'omnipotence des juges ; non-seulement ils poursuivaient le coupable la loi à la main jusque dans ses enfants et sa famille en confisquant ses biens dans une mesure que la cupidité romaine ne connut même pas [1]), mais ils avaient le droit de faire subir à un condamné à mort les tortures de la *question préalable*, et telle est l'effrayante facilité avec laquelle on s'habitue aux excès les plus révoltants, au point même de les trouver nécessaires, que lorsque Louis XVI abolit la question *préparatoire* [2]), il laisse subsister la torture définitive et n'ose la retrancher de nos lois que huit ans plus tard, mais, *provisoirement*, et avec cette réserve craintive qu'on apporte dans les innovations les plus audacieuses.

Ainsi, au XVIIIe siècle, au centre de la civilisation, plus de deux mille trois cents ans après le jour où Rome avait établi les *quæstiones perpetuæ*, la France subissait une législation pénale qui supprimait le débat oral, l'audience publique, les anciennes formes protectrices de la poursuite ; qui privait l'accusé de conseil et de défense, qui l'obligeait au serment et lui enlevait, en un mot, toutes les garanties qu'elle donnait à l'accusateur ; une législation qui admettait le secret, les preuves légales, la torture sous les formes les plus odieuses, et abandonnait au bon plaisir du juge tous les supplices inégaux et atroces qui peuvent corrompre la multitude sans apaiser sa cruauté.

---

1) Quand le condamné avait des enfants, on leur laissait, à Rome, la moitié du patrimoine paternel. Justinien n'appliquait pas la confiscation lorsqu'il existait des descendants ou ascendants. Voir plus bas, § 824.

2) Déjà supprimée, il faut le dire en rougissant, dans plusieurs États de l'Europe, notamment à Naples et en Toscane.

Si nous avons jeté ce rapide coup d'œil sur les ordonnances criminelles des derniers siècles, ce n'est point pour nous donner le facile avantage de faire le procès d'une législation dont un de nos éminents criminalistes a pu dire qu'elle était le plus complet oubli des premières notions d'humanité et de justice [1]); nous avons voulu l'opposer aux lois romaines si libérales, si pleines de protection pour l'accusé, et tirer, s'il était possible, quelqu'enseignement d'un pareil contraste. N'est-ce pas le devoir du jurisconsulte et du publiciste de parcourir incessamment la voie dans laquelle s'avance l'humanité depuis le commencement des âges, pour mesurer les phases diverses de sa marche, éclairer l'avenir par les enseignements du passé, signaler les obstacles qui ont retardé quelquefois pendant des siècles chez un peuple un progrès facilement accompli par une nation voisine ? Ainsi faisait le sage et bon Ayrault quand, en 1589, il offrait au législateur des ordonnances le tableau des lois romaines pour l'opposer à celles qui régissaient et désolaient la France. Sans doute, son excellent livre n'eut pas alors tout le succès qu'il méritait puisque l'ordonnance de 1670 a imité et accru la rigueur de celles de François Ier, mais la grave parole du vieux jurisconsulte a peut-être inspiré les énergiques protestations des Harlay et des Lamoignon, et préparé les améliorations par lesquelles la jurisprudence a adouci la sévérité des lois pénales de cette époque.

Notre temps n'a pas, grâce à Dieu, un enseignement aussi direct et aussi complet à demander aux Romains; nos lois criminelles ont changé de face en 1789, elles ont été alors

---

1) V. M. Faustin Hélie, *Traité de l'Instruction criminelle.*

l'objet, non pas d'une amélioration partielle, mais d'une réforme absolue, et cependant telle est la lenteur désolante des progrès en cette matière, qu'en 1818, un magistrat pouvait dire, dans un livre célèbre, en parlant des codes criminels de son temps : « Nos lois pénales sont à mille siècles de l'époque où nous vivons [1]. » Ce jugement déjà trop sévère à notre avis, pour le temps où il était porté, ne saurait, sans une évidente injustice, être appliqué à nos lois actuelles après les révisions qui ont été faites en 1825, 1832, et depuis 1850; mais peut-on affirmer d'une manière absolue, sans tomber dans une exagération également dangereuse, qu'elles aient atteint un point de perfection qui rende inutile toute tentative de réforme? N'y a-t-il pas dans nos lois pénales ou dans notre procédure criminelle, quelque point susceptible d'un changement désirable? L'accusation et la défense jouissent-elles de cette exacte mesure de liberté qui concilie d'une manière satisfaisante les droits de la société avec les justes égards dus à un accusé peut-être innocent? N'y a-t-il aucun effort à tenter pour diminuer et adoucir certains maux nécessaires, tels que la prison préventive et les aggravations dont elle peut être accompagnée? Est-il impossible d'y substituer, en certain cas, quelque mesure moins rigoureuse, ou au moins de hâter le moment du jugement, en accélérant la procédure? La loi qui règle la mise en liberté sous caution est-elle à l'abri de tout reproche? Ce sont là des questions graves sur lesquelles nous ne sommes point appelé à nous prononcer, et que nous ne pouvons examiner ici; diverses causes viennent d'ailleurs de les recom-

---

1) M. Bérenger, *De la justice criminelle en France*. Avant-propos.

mander d'une manière pressante à l'attention de tous, et des
efforts heureux devançant une mesure générale qu'on nous
fait espérer [1]), ont déjà amené les résultats les plus importants [2]) dans un sujet où le plus petit changement peut être
un bienfait ou un malheur pour l'humanité [3]). Des problèmes
de cette importance ne reçoivent point leur solution sans une
étude profonde de toutes les législations qui ont cherché à les
résoudre, et s'il répugne à notre amour-propre national, plutôt
qu'à un patriotisme bien éclairé, de demander à nos voisins
quelqu'une de ces choses utiles que leur législation pourrait
peut-être nous apprendre [4]), jetons du moins, une fois de
plus, un regard sur ces lois romaines auxquelles nous avons
demandé tant d'utiles leçons; leurs dispositions, en cette
matière, peuvent offrir à notre société moderne sinon un
modèle à suivre, du moins un sujet sérieux de méditations.

---

1) Voir dans l'exposé de la situation de l'Empire, présenté au Sénat
et au Corps législatif le 13 janvier 1863, le passage commençant par
ces mots : « La procédure criminelle a paru également susceptible de
grandes améliorations. Le Conseil d'Etat examine un projet de loi,
etc., etc. » *Moniteur* du 14 janvier, page 4 de l'annexe A.

2) Voir quant aux mesures prises par les parquets des tribunaux de
première instance de la Seine et du Rhône pour abréger et pour ainsi
dire supprimer la détention préventive dans nombre d'affaires correc-
tionnelles. *Gazette des tribunaux* des 12 novembre 1862 et 4 janvier 1863.
Le Droit des 4 et 19 janvier 1863. Voir aussi M. Achille Morin, *Journal
de Droit criminel,* art. 7538, page 10, note 6.

3) M. Bertrand, juge d'instruction au tribunal de la Seine, vient de
publier une brochure pleine d'intérêt sur ces questions : *De la détention
préventive et de la célérité dans les procédures criminelles en France
et en Angleterre.* Paris, 1863.

4) V. Distribution des récompenses aux exposants français à Londres.
Discours de l'Empereur. *Moniteur* du 26 janvier 1863.

Nous ne saurions, pour faire cette étude, nous adresser à
un meilleur guide que M. Walter; grâce à lui, nous pourrons
pénétrer, pour ainsi dire, dans l'intimité des lois et par conséquent des mœurs romaines. La partie du livre consacrée au
Droit criminel est divisée en huit chapitres dans lesquels
l'auteur étudie successivement les délits, les peines et la
procédure criminelle des différents âges de Rome, depuis le
moment où l'histoire se confond presque avec la légende,
jusqu'à celui où la remarquable organisation judiciaire dont
l'auteur nous offre le tableau, se dénature et se perd en même
temps que le peuple dont elle avait fait la force et la grandeur.
Ce qu'il faut louer dans l'œuvre de M. Walter, c'est l'alliance
d'une immense érudition avec cette sobriété, signe de force et
de goût, qui n'appartient qu'aux écrivains assez savants pour
être courts, et assez maîtres de leur sujet pour abandonner à
la sagacité du lecteur les conséquences de principes savamment posés. Ce qu'il faut admirer encore, dans notre auteur,
c'est une parfaite clarté qui, en dépit de préjugés trop longtemps répandus contre les écrivains d'outre-Rhin, nous paraît
le caractère le plus frappant de ce livre comme de plusieurs
autres productions récentes également dues aux jurisconsultes
de l'Allemagne. Le temps est passé où l'on nous représentait
l'érudition de cette nation, tantôt comme hérissée d'un amas
barbare de citations indigestes et d'obscurités savamment accu-
mulées, tantôt comme enveloppée de ces brumes impénétrables
qui glacent et voilent les régions du Nord. Grâce à quelques
habiles traducteurs, plusieurs ouvrages devenus populaires
en France nous ont permis de faire justice de ces faciles
plaisanteries aujourd'hui surannées, et sans parler d'autres
œuvres qui se trouvent dans toutes les mains, ne devons-nous
pas à un allemand l'un des traités les plus clairs et peut-être

des meilleurs sous tous les rapports, qui aient été faits sur notre propre Code civil [1]) ?

Il ne tiendra pas à nous que M. Walter ne dissipe encore un reste de préventions. Personne ne présente la science sous un aspect plus favorable, et quand on lit son histoire du Droit romain comme elle doit être lue, c'est-à-dire, les textes à la main, on est constamment frappé de l'immense érudition et des vastes recherches qui se cachent sous une forme simple et concise, et dans un style dont nous ne saurions rendre la parfaite élégance.

Après l'éloge que nous venons de faire de notre modèle, nous aurions mauvaise grâce à nous accuser de lui avoir fait subir le moindre changement; notre constante préoccupation a été, au contraire, d'en retracer les détails avec la plus fidèle exactitude, d'en respecter la forme comme le fond, de sacrifier toujours l'élégance de la phrase à la clarté du sens, désireux, avant tout, de rendre la pensée de l'auteur sans y mêler ces impressions personnelles qui méritent à tant d'écrivains mal avisés les sévérités du proverbe italien : « *traduttore, traditore.* » Ce n'est qu'au prix de cette abnégation qu'un traducteur peut atteindre le but qu'il doit se proposer et qui est, non point de créer des matériaux, mais de les *transporter,* en établissant, pour ainsi parler, des voies

---

1) *Zachariæ,* traduit par MM. *Aubry* et *Rau.* Nous n'ignorons pas qu'après avoir consacré leur talent à une traduction fidèle, les deux savants professeurs de la faculté de Strasbourg se sont pour ainsi dire approprié l'ouvrage par les changements importants qu'ils ont apportés aux deux éditions suivantes, mais ils ont constamment cherché à imiter la manière concise et substantielle de leur auteur, et ce n'est pas un médiocre éloge de dire qu'ils y ont pleinement réussi.

de communication entre les grands architectes de la science de tous les pays. Un jour, un homme de génie rassemble ces documents épars autour de lui ; son esprit généralisateur leur assigne une place dans une de ces œuvres capitales qui illustrent un nom et une nation tout entière ; le traducteur , assez heureux pour avoir pu seconder les inspirations du génie, recueille alors un fruit inattendu de son travail ; ouvrier modeste, il n'a apporté qu'une seule pierre à la construction de l'édifice, mais il peut la reconnaître dans une des assises d'un glorieux monument élevé à la science.

Livre cinquième.

Des Délits et des Peines[1]

Chapitre premier.

Notions générales.

788.[*] Dans les premiers temps de Rome, alors que la Religion se liait d'une manière intime à la Constitution, le droit pénal était également pénétré de son esprit. Fermement convaincus que les actes coupables attiraient la malédiction et les châtiments du ciel sur le malfaiteur, ses biens, sa race et le peuple tout entier [2]), les anciens Romains

---

1) W. Rein. Das Criminalrecht der Römer von Romulus bis auf Justinianus. Leipzig 1844.

* Les numéros des paragraphes correspondent à ceux de l'ouvrage original. (Note du traduct.)

2) Vegoia (Röm. Feldmesser 1. 350). Qui contigerit moveritque possessionem, promovendo suam, alterius minuendo, ob hoc scelus damnabitur a Diis. Si servi faciant, dominio mutabuntur in deterius. Sed si conscientia dominica fiet, celerius domus exstirpabitur, gensque ejus omnis interiet. Motores autem pessimis morbis et vulneribus afficientur, membrisque suis debilitabuntur. Tum etiam terra a tempestatibus vel turbinibus plerumque labe movebitur. Fructus sæpe lædentur decutienturque imbribus atque grandine, caniculis interient, robigine occidentur,

demandaient au nom de l'intérêt public que les grands crimes fussent l'objet d'une expiation religieuse, ou de quelque autre châtiment extraordinaire [3]). Les lois se fondaient sur cette croyance dans l'application même de la peine de mort; elles consacraient aux Dieux la tête du coupable [4]), aussi les magistrats faisaient-ils suspendre le criminel à l'arbre consacré aux Divinités infernales [5]), ou permettaient à chacun de le mettre à mort [6]); quant à ses biens, ils étaient employés à des sacrifices, ou à des prières publiques *(supplicationes* [7]).

789. Les fragments qui nous restent de la loi des Douze Tables jettent un peu plus de lumière sur ce sujet. L'étroite alliance du droit pénal avec le droit sacré y paraît visiblement amoindrie; les méfaits les plus graves y sont décrits avec les peines qui les frappent; déjà même l'on peut apercevoir entre les délits une double distinction. Quelques-uns étaient menacés de peines publiques, la peine de mort n'en atteignait que le plus petit nombre [8]); pour d'autres, le châtiment consistait en une amende au profit de la partie lésée, ou tendait seulement à satisfaire la victime en lui permettant d'exercer des représailles s'il n'intervenait point de composition amiable entre les parties [9]). De là naquit avec le développement du droit la distinction des délits en *délits privés,* et *délits publics* [10]). Les premiers servaient de fondement à une instance devant les tribunaux civils ordinaires pour la pour-

---

multæ dissensiones in populo. Fieri hæc scitote, cum talia scelera committuntur. Propterea neque fallax neque bilinguis sis. Disciplinam pone in corde tuo.

3) Tite-Live, 1, 26., Denis d'Halic. III. 22., Tacite, Ann. XII. 8.
4) Festus, v. aliuta, plorare, sacratæ, termino, Denis d'Halic. II. 10. VI. 89., Tite-Live, II. 8. III. 55.
5) Infelici arbore, Tite-Live, I. 26., Pline, Hist. nat. XVIII. 3.
6) Denis d'Halic. II. 10. VI. 89. Voyez aussi § 160, Notes 235, 236.
7) Servius ad Aen, I. 632., Festus v. sacratæ, Tite-Live, II. 8. III. 55. Denis d'Halic. VIII, 79, X, 42.
8) Cicéron, De republic. IV. 10.
9) Festus, v. talionis, Gaius III, 223.
10) Fr. 17. § 18. D. de ædil. edict. (21, 1).

suite d'une obligation ; les délits publics donnaient naissance à une plainte devant l'assemblée du peuple ; les premiers étaient comme d'autres parties du droit privé, l'objet des prescriptions de l'édit des préteurs ; les derniers n'émanaient que de la loi elle-même. Vers la fin de la République, lorsque la décadence des mœurs et la chute des anciennes institutions eurent nécessité d'énergiques réformes dans le droit pénal, ces délits publics devinrent l'objet de l'attention spéciale des autorités qui gouvernaient l'Etat. Il parut concernant les crimes les plus graves de différentes espèces, des lois fort détaillées qui organisaient pour chaque crime un tribunal spécial permanent, et indiquaient d'une manière explicite la procédure à suivre dans sa poursuite, et la mesure de la peine à appliquer pour sa répression. Telles furent notamment les lois *Cornéliennes* de Sylla, celles de Pompée, les lois *Julia* de César et d'Octave. Les instances organisées par des lois semblables devant les commissions permanentes *(quæstiones perpetuæ)* furent dès lors considérées comme la règle ; dans les autres cas, qui formèrent l'exception, la procédure pénale était extraordinaire *(extra ordinem quærere)* et la justice était rendue par le peuple lui-même, ou par une commission instituée pour chaque procès [11]).

790. Sous l'Empire, il est vrai, apparurent d'autres juridictions avec une procédure nouvelle pour remplacer les anciens tribunaux ; cependant les lois antérieures servirent toujours de règle [12]) sous le rapport des incriminations comme pour les pénalités, et l'on ne donna le nom de *judicia publica* qu'aux actions pénales qui se basaient sur elles [13]) ; sans doute un grand nombre d'actions non prévues par ces lois furent considérées comme délits par les rescrits impériaux, ou la jurisprudence, et punies comme donnant lieu à des actions pé-

---

11) Voir plus bas, chap. VI, notes 6—8.

12) Fr. 8. D. de public. judic. (48, 1), fr. 15. § 1. D. ad SC. Turpill. (48, 16).

13) Fr. 1. D. de public. judic. (48, 1).

nales [14]), seulement, les méfaits de cette espèce furent appelés (pour les distinguer des autres) *extraordinaria crimina* [15]) ou aussi *privata crimina* [16]). Le juge avait généralement une grande liberté dans leur répression [17]), et pouvait aller jusqu'à la peine de mort [18]) ; dès lors, même quand il s'agissait de délits ordinaires, le libre arbitre du juge put se mouvoir avec une grande latitude pour déterminer la mesure de la peine [19]).

791. Avec le temps, plusieurs délits privés furent punis de peines publiques déterminées soit par les lois, soit *extra ordinem* [20]). Le plaignant avait alors l'option entre l'action privée et une accusation publique [21]) ; mais quand il avait choisi l'une des deux voies, et que la peine avait été prononcée, il ne pouvait plus revenir à l'autre [22]) ; de même, il était de règle qu'une peine extraordinaire ne pouvait point se cumuler avec celle qui résultait d'une action privée [23]). Une instance purement civile pouvait cependant s'intenter parallèlement à l'ac-

---

14) Fr. 1. 2. pr. D. expil. hered. (47. 19), fr. 3. D. de priv. delict. (47. 1).

15) Tit. D. de extraord. (47. 11).

16) Fr. 1. § 3. D. de pœn. (48. 19), fr. 3. D. de extr. crim. (47. 11), fr. 2. D. de concuss. (47. 13), fr. 2. D. de abig. (47. 14), fr. 3. D. de prævar. (47. 15), fr. 1. D. stellion. (47. 20), fr. 1. D. de public. judic. (48. 1).

17) Fr. 1. § 1. 2. D. de effract. (47. 18), fr. 3. § 2. D. stellion. (47. 20), fr. 8. § 2. D. de relig. (11. 7), fr. 4. D. de custod. reor. (48. 3), c. 3. C. de his qui accus. (9. 1).

18) Fr. 9. D. de extraord. crim. (47. 11).

19) Fr. 11. pr. fr. 13. D. de pœn. (48. 19).

20) On en trouve des exemples dans les textes suivants : fr. 92. D. de furt. (47. 2), fr. 5. pr. § 9. 10. fr. 45. D. de injur. (47. 10), fr. 10. Inst. de injur. (4. 4).

21) Fr. 3. D. de priv. delic. (47. 1), fr. 92. D. de furt. (47. 2).

22) Fr. 6. D. de injur. (47. 10), fr. 4. D. de publ. judic. (48. 1), fr. 2. § 1. D. de vi bon. rapt. (47. 8).

23) Fr. 56. § 1. D. de furt. (47. 2). La loi 9. § 5. D. de public. (39. 4), contient une exception à ce principe.

tion criminelle [24]) ; au contraire, la poursuite d'une peine au point de vue du délit privé, n'était pas autorisée lorsque le fait rentrait par sa nature sous l'incrimination plus spéciale d'un délit public déterminé [25]).

Chapitre deuxième.

Des Délits privés.

792. A l'époque où la jurisprudence Romaine était florissante, on rangeait parmi les délits privés le vol *(furtum)*, la rapine *(rapina)*, l'injure *(injuria)*, et le dommage causé injustement *(damnum injuria datum)*. Cette énumération n'est cependant pas complète [1]) ; beaucoup de faits appartenant à ce genre de délits étaient frappés de peines publiques ; nous devons les mentionner ici, à cause de leur liaison avec les délits privés.

793. Le *furtum* ne pouvait avoir pour objet qu'une chose mobilière [2]) ou une personne placée sous la puissance d'autrui [3]). L'opinion de Sabinus qui prétendait que les immeubles étaient aussi susceptibles d'être volés ne fut point admise [4]). Le vol fut considéré dans les temps les plus reculés comme un fait particulièrement déshonorant. D'après la loi des Douze Tables, le voleur était battu de verges, et s'il était libre, il

24) C. un C. quando civil. act. (9. 31), c. 3. 4. C. de ord. judic. (3. 8).
25) Fr. 7. § 1. D. de injur. (47. 16).
1) Gaius III. 182., pr. Inst. de obl. quæ ex del. (4. 1).
2) Observationes de furtis pro diversitate probationum varie punitis. Scripsit Nicolaus Handjery princeps. Bonnæ 1857.
3) Gaius III. 199.
4) Gaius II. 51., Aulu-Gelle XI. 18.

était attribué à celui qu'il avait volé *(addictus)* pour devenir
son esclave selon les uns, ou, d'après une autre opinion, pour
subir le sort d'un *adjudicatus* [5]). Ce délit était donc autrefois
capital, et chaque vol comportait incontestablement une
poursuite publique. Mais précisément à cause de la rigueur
d'une peine dont la sévérité disproportionnée était calculée
pour produire une grande intimidation, on exigeait que
la preuve du délit fût indubitable, et le voleur pris sur
le fait. En l'absence de cette condition, la loi des Douze
Tables n'imposait pas d'autre peine que le payement du
double de la valeur de l'objet volé pour compenser le dommage
causé [6]). Les préteurs partirent de là suivant leur coutume
pour adoucir la législation. On établit une distinction entre le
furtum manifestum, et le *furtum non manifestum.* Le premier
a lieu quand le voleur est pris sur le fait, ou dans le lieu
même où se commet le vol, ou encore en possession de la
chose volée avant qu'il l'ait mise en lieu de sûreté [7]); dans ce
cas, l'édit remplaça la peine capitale par une adjudication
pécuniaire du quadruple de la valeur de l'objet volé; pour le
vol non manifeste, la peine consista comme par le passé dans
le payement du double [8]). On pouvait en outre agir contre le
voleur par la *condictio furtiva* pour obtenir la restitution de la
chose ou une somme équivalente [9]), ou aussi par l'action en
revendication dans la plupart des cas [10]); déjà d'après les
Douze Tables et la loi *Atinia,* l'usucapion ne protégeait pas

---

5) Gaius III. 189. IV. 111., Aulu-Gelle XI. 18. Voir sur cette distinction § 509. Walter, Geschichte des Römischen Rechts.

6) Gaius III. 190.

7) Gaius III. 183—185., § 1—3. Inst. de obl. quæ ex del. (4. 1),
fr. 3—8. D. de furt. (47. 2), Paul, Sent. rec. II. 31. § 2., Aulu-Gelle
XI. 18.

8) Gaius III. 189. 190. IV. 111. 173., § 5. Inst. de obl. ex del.
(4. 1), Aulu-Gelle XI. 18. Theophil. IV. 12. pr.

9) Voir Walter, Geschichte des Römischen Rechts § 592.

10) Paul, Sent. rec. II. 31. § 13., § 19. Inst. de obl. ex del. (4. 1),
fr. 54. § 3. D. de furt. (47. 2).

l'acquéreur de bonne foi contre la revendication [11]). Quand la peine pécuniaire et l'indemnité représentant la valeur de l'objet volé ne pouvaient être payées (et cela devait arriver fréquemment), le voleur pouvait toujours être *adjugé* au volé pour le servir jusqu'au payement intégral de sa dette [12]). Chose remarquable, la loi des Douze Tables autorisait déjà en cas de vol, une sorte de composition entre les parties [13]), cela s'appelait *pro fure damnum decidere* [14]), et au moyen de cette transaction, l'action était éteinte, non point par exception seulement, mais *ipso jure* [15]). Il arriva dès lors que, toutes les fois que le voleur pouvait payer, les peines rigoureuses du vol manifeste étaient écartées par la loi elle-même. Sous le régime de l'édit, il fut établi que la demande d'une indemnité pécuniaire considérée comme action civile devrait précéder l'action prétorienne [16]) pour le quadruple ou

---

11) Gaius II. 45. 49. 50., Aulu-Gelle XVII. 7., § 2. Inst. de usuc. (2. 6).

12) Aussi Caton disait-il en parlant d'un usage existant encore de son temps : Fures privatorum furtorum in nervo atque in compedibus ætatem agunt, Aulu-Gelle XI. 18.

13) Ce sujet a été traité par les auteurs suivants : Rudorff, in Savigny, Zeitschr. XIV. 294. 295., Röm. Rechtsgesch. II. § 106., Keller, Civilprocess. § 15. Note 220. § 83. Note 1022., Huschke. Gaius, pag. 121.

14) Fr. 7. pr. D. de cond. furt. (13. 1), fr. 46. § 5. D. de furt. (47. 2).

15) Fr. 7. § 14., fr. 17. § 1. D. de pact. (2. 14), fr. 54. § 5. D. de furt. (47. 2), c. 13. C. de furt. (6. 2).

16) Gaius IV. 37. 45. Rudorff propose sur ce point une autre explication. Selon cet auteur, la composition pécuniaire, facultative dans l'origine, aurait été régulièrement portée au quadruple en cas de *furtum manifestum*; en cas de vol non manifeste, le préteur l'aurait rendue obligatoire ainsi que la peine du double; de telle sorte que *l'actio quadrupli* et *dupli* ne serait autre chose que l'action *pro fure damnum decidere oportere* intentée pour obtenir une certaine somme indiquée. Mais nous ferons à ce sujet une double observation : d'abord, une composition légalement mesurée à une somme déterminée ne serait plus une composition ; de plus, il est formellement prouvé que cette transaction pouvait

le double. Quant à la *condictio furtiva*, elle n'était point
éteinte par la composition [17]).

794. Conformément à la loi des Douze Tables, on permettait à la victime du vol une perquisition contre celui qu'elle
désignait comme l'auteur du fait. Quand celui qui se prétendait volé entreprenait cette recherche, tout nu, couvert seulement d'une ceinture et portant un bassin en main, *(furtum
per licium et lancem conceptum)*, et qu'il parvenait à trouver
l'objet soustrait, le vol découvert par ce moyen était puni
comme un vol manifeste, tant parce que la culpabilité du
voleur était évidente, que parce qu'il avait laissé les choses
en venir à ce point [18]). La loi des Douze Tables ainsi que
l'édit, donnaient l'action *furti concepti* au triple [19]) contre
celui chez lequel on avait cherché et découvert l'objet volé,
devant témoins en suivant les formes ordinaires, quand
même il n'était pas l'auteur du vol ; toutefois, l'innocent chez
lequel on avait méchamment caché un objet volé pouvait
diriger contre l'auteur de ce méfait l'action *furti oblati* élevée
au triple [20]). La loi des Douze Tables n'avait pas prévu le cas
où quelqu'un se refuserait à laisser faire la perquisition chez
lui, mais l'édit accordait alors l'action *furti prohibiti* élevée
au quadruple [21]). Le préteur donnait également une action
furti non exhibiti contre celui qui refusait la restitution de la
chose trouvée [22]). Plus tard, les actions relatives au *furtum*

---

consister en une somme moindre que le *quadruplum* et le *duplum*. Fr. 9.
§ 2. D. de minor. (4. 4), fr. 52. § 26. D. de furt. (47. 2). Le système de Huschke est quelque peu différent, mais également inadmis-
sible.

17) Fr. 7. pr. D. de cond. furt. (13. 1).

18) Gaius III. 192. 194., Aulu-Gelle XI. 18. XVI. 10., Festus v° lance
Glossa Turin, n° 466. L'origine de cet usage est obscure. Handjery
admettant l'opinion de Böcking, le rattache à des pratiques religieuses.

19) Gaius III. 186. 191. IV. 173. C'est aussi l'avis de Vangerow. De
furto concepto ex lege XII tabularum. Heidelb. 1845. 4.

20) Gaius III. 188. 192. 194., § 4. Inst. de obl. ex del. (4. 1).

21) Gaius III. 187. 191. IV. 173., Paul, Sent. rec. II. 31. § 3. 5. 14.

22) § 4. Inst. de obl. ex del. (4. 1).

conceptum, oblatum, prohibitum et *non exhibitum* tombèrent en désuétude, et celui qui avait récélé sciemment fut traité comme l'auteur d'un vol non manifeste [23]). Au reste, le droit domestique autorisé par la loi des Douze Tables, permettait de mettre à mort le voleur pris sur le fait; le voleur de nuit pouvait être tué dans tous les cas, et le voleur de jour quand il se défendait avec une arme [24]). Plus tard, la loi se montra moins rigoureuse dans les deux hypothèses, et le droit de faire périr le voleur fut réduit au cas de nécessité absolue [25]).

795. Indépendamment de ces peines, il existait diverses espèces de prescriptions pénales relatives à des cas particuliers de vol. C'est ainsi que celui qui avait sciemment employé les matériaux d'autrui à l'édification de sa maison ou de sa vigne, pouvait être poursuivi pour le double suivant une prescription émanant déjà des Douze Tables [26]). La même législation punissait de la strangulation le fait de faucher pendant la nuit le champ de blé d'autrui, ou de mener frauduleusement des bestiaux paître dans sa prairie [27]). Des peines extraordinaires frappaient *l'abigeat* ou le vol des bestiaux [28]) qui étaient du reste en Italie l'objet d'un ensemble spécial de dispositions protectrices [29]). Les lois punissaient de la même manière les auteurs de vols commis dans les bains publics [30]); les *Directarii*, c'est-à-dire ceux qui pénétraient dans les

23) § 4. Inst. de obl. ex del. (4. 1).

24) Fr. 4. § 1. D. ad l. Aquil. (9. 2), **fr.** 54. § 2. D. de furt. (47. 2), Macrobe, Saturn. 1. 4., Cicéron, pro Tullio. 47—50.

25) Collat. leg. Mos. VII. 2. 3., fr. 9. D. ad l. Cornel. de sicar. (48. 8).

26) Festus v. tignum, fr. 1. D. de tigno (47. 3), § 29. Inst. de rer. div. (2. 1).

27) Pline, Hist. nat. XVIII. 3.

28) Fr. 1. 2. 3. D. de abigeis (47. 14), Collat. leg. Mos. XI, 2—8., Paul, Sent. rec. V. 18., c, 1. C. de abig. (9. 37).

29) C. 1. 5. C. Th. quib. equor. usus. (9. 30).

30) Fr. 1. 3. D. de furib. balnear. (47. 7), Paul, Sent. rec. V. 3. § 5.

demeures avec l'intention d'y voler [31]) ; ceux qui s'étaient
rendus coupables de pillages [32]), et de soustractions commises
avec effraction [33]). L'*expilatio hereditatis* était également punie
depuis une *oratio* de Marc Aurèle [34]) ; il en était de même des
vols commis dans les monnaies impériales [35]), et de ceux qui
avaient été exécutés pendant la nuit par des malfaiteurs
faisant usage de leurs armes pour se défendre [36]). Le vol fut
en dernier lieu, la plupart du temps, l'objet d'une procédure criminelle extraordinaire [37]). Justinien défendit de punir
en aucun cas les voleurs en les privant de la vie ou de leurs
membres [38]) ; chose digne de remarque, aucune loi ne donnait d'action pour la poursuite des vols domestiques de peu
d'importance commis par les esclaves, les affranchis ou les
journaliers [39]).

796. Le préteur M. Lucullus fut le premier qui rendit un
édit contre la rapine (678). Ce magistrat voulant faire cesser
des désordres survenus à l'occasion de troubles populaires,
menaça de la peine du quadruple les auteurs de dommages
causés avec violence par des rassemblements armés [40]). Plus
tard, les dispositions et la portée de l'édit furent appliquées
à tous les genres de dommages, fussent-ils causés par un seul
malfaiteur lorsqu'il employait la violence pour l'exécution de

---

31) **Fr.** 7. D. de extraord. crim. (47. 11), fr. 1. § 2. de effract.
(47. 18), Paul, Sent. rec. V. 4. § 8.

32) **Fr.** 1. § 1. D. de effract. et expil. (47. 18), fr. 16. § 6. D. de
pœn. (48. 19).

33) **Fr.** 1. § 1. D. de furib. baln. (47. 17), fr. 1. § 2. fr. 2. D. de
effractor. (47. 18).

34) **Fr.** 1. 2. 3. 5. D. de expil. hæred. (47. 19), c. 6. C. de crim.
expil. hæred. (9. 32).

35) **Fr.** 6. § 1. 2. D. de l. Jul. pecul. (48. 13), fr. 38. pr. D. de
pœn. (48. 19).

36) **Fr.** 1. 2. D. de furib. baln. (47. 17), Collat. leg. Mos. VII. 4.

37) **Fr.** 92. D. de furt. (47. 2).

38) **Nov.** 134. c. 13.

39) **Fr.** 89. D. de furt. (47. 2), fr. 11. § 1. D. de pœn. (48. 19).

40) **Cicéron**, pro Tull. 7—12.

ses mauvais desseins ; elles le furent même aux préjudices résultant de rassemblements non armés opérant sans violence [41] ; enfin elles atteignirent toute espèce de rapines, même celles qui étaient commises par des gens isolés [42]. La peine du quadruple fut maintenue [43] ; toutefois l'opinion prévalut d'y comprendre l'estimation de la chose ravie [44]. On pouvait au lieu de l'action résultant de l'édit, employer également *l'actio furti*, l'action de la loi *Aquilia*, une *condictio* ou *vindicatio* [45]; l'usucapion était du reste interdite par les lois *Julia* et *Plautia* pour les choses ravies comme pour les objets volés [46]. Les rapines et dommages causés pendant un incendie ou autre désastre semblable furent punis d'abord d'une amende du quadruple [47] par le préteur, et plus tard d'une peine criminelle extraordinaire [48].

797. Quant aux *Injures* [49], les Romains avaient compris de tout temps que l'ordre social ne pouvait subsister sans le respect mutuel des citoyens pour leurs personnes et leur considération. Aussi, regardaient-ils comme une injure punissable toute action de nature à entacher l'honneur. Leur droit positif n'atteignit cependant que peu à peu, et grâce à la pratique, une certaine perfection sur ce point. Il faut en cette matière faire ressortir trois points de vue principaux. En premier lieu, le mépris que l'on professe pour une personne se manifeste de la manière la plus directe et la plus

---

41) Fr. 2. pr. § 6. 7. 9. D. vi bon. rapt. (47. 8).

42) Fr. 2. pr. § 11. D. vi bon. rapt. (47. 8).

43) Gaius III. 209., c. 2. 3. 4. C. vi bon. rapt. (9. 33).

44) Gaius IV. 8., pr. Inst. de vi bon. rapt. (4. 2).

45) Fr. 80. § 3. D. de furt. (47. 2), fr. 1. 2. § 10. 26. D. vi bon. rapt. (47. 8).

46) Gaius II. 45. 49., § 2. Inst. de usuc. (2. 6).

47) Fr. 1. pr. D. de incendio (47. 9), Paul, Sent. rec. V. 3. § 2.

48) Fr. 4. § 1. D. de incendio (47. 9), fr. 1. § 1. 2. D. ad. l. Jul. de vi priv. (48. 7).

49) Huschke traite ce sujet avec étendue. Gaius, page 116–164. Nous ne pouvons entrer ici dans l'appréciation d'opinions qui lui sont particulières.

vive par de mauvais traitements corporels [50]). Les Douze
Tables avaient déjà prévu ce cas. Les mauvais traitements
qui avaient été jusqu'à la mutilation d'un membre étaient
punis (quand les parties ne composaient point) de la peine du
talion, c'est-à-dire de la fracture des membres, d'une
amende de 300 as pour les hommes libres et de 150 pour
les esclaves [51]); toutes les autres injures (ce qu'il ne faut
certainement entendre que des mauvais traitements) étaient
punies d'une amende de 25 as [52]). Les changements qu'éprou-
vèrent les mœurs et la valeur de l'argent rendirent ces dispositions insuffisantes. Alors, par une clause spéciale relative
à l'action d'injures [53]), l'édit ordonna qu'en pareil cas la
fixation du dommage éprouvé fût arbitrée par le plaignant,
le préteur devant estimer lui-même le tort causé par une
injure atroce [54]). Dans cette dernière catégorie furent rangées,
comme sous la loi des Douze Tables, les fractures de membres, et les mauvais traitements d'une certaine gravité [55]).

La considération d'un citoyen *(existimatio)* peut en second
lieu être lésée par l'expression publique d'une opinion mépri-
sante à son égard. Les Douze Tables n'avaient prévu à ce qu'il
paraît que le cas le plus grave, *occentare* et *carmen condere* [56]),

---

50) Gaius III. 220.

51) Paul, Sent. rec. V. 4. § 6., Aulu-Gelle, XX. 1., Festus v. talionis,
Gaius III. 223., Paul, in Collat. leg. Mos. II. 5. Il ne faut pas négliger
à propos de ce dernier passage le texte nouveau que Blume a substitué à
l'ancien ; il porte *sesterces* au lieu d'*as*.

52) Aulu-Gelle XX. 1., Gaius III. 223., Paul, in Collat. leg. Mos. II.
5. Ce dernier texte porte cependant aussi, *sesterces* au lieu d'*as*.

53) Fr. 15. § 26. D. de injur. (47. 10).

54) Paul, in Coll. leg. Mos. II. 6., Paul, Sent. rec. V. 4. § 7., Gaius
III. 224., fr. 7. pr. D. de injur. (47. 10).

55) Fr. 7. § 8. fr. 8. D. de injur. (47. 10), Gaius III: 225., Collat.
leg. Mos. II. 2., § 9. Inst. de inj. (4. 4).

56) Cicéron, de Republ. IV. 10., Tuscul. disput. IV. 2., Paul, Sent.
rec. V. 4. § 6., Arnob. adv. gent. lib. IV. i. f. Porphyrio, in Horat.
Sat. II. 1. v. 81., Acron. in Horat,, Sat. II. 1. v. 86., Festus v. occentassint.

et condamnaient alors le coupable à périr sous le bâton. A ce point de vue [57]), l'édit punissait non-seulement le *convicium* [58]), c'est-à-dire les outrages publiquement dirigés contre une personne [59]), mais aussi les individus qui poursuivaient de leurs provocations une femme de mœurs honorables, ou qui séparaient d'elle les personnes qui l'accompagnaient [60]).

On considère en troisième lieu comme une offense à l'honneur et à la considération, non-seulement l'expression publique du peu d'estime que l'on éprouve pour une personne, mais même les efforts que l'on fait pour communiquer ce mépris à d'autres. Peut-être est-ce à ce cas que s'applique l'*occentare* des Douze Tables dont nous avons déjà parlé. L'édit contenait sur ce point une disposition qui réservait au préteur le droit de punir, d'après l'estimation qu'il en ferait lui-même, tous les actes qui tendaient à porter atteinte à la considération de quelqu'un [61]). Mais il en résulta une remarquable extension donnée au sens des mots *injuria quæ re fit*. On fut amené en effet par les progrès de la jurisprudence à mettre au nombre des injures, et par conséquent à soumettre à une action privée, non-seulement ces offenses directes par lesquelles on porte atteinte à l'honneur et à la considération d'un citoyen irréprochable, mais en général toute action qui se présente à l'esprit avec le caractère d'une lésion volontaire des droits et de la personnalité d'un citoyen, quand cette action n'était pas dans la catégorie des délits qualifiés [62]). En

---

57) Cornutus in Pers. Sat. 1. 137., Porphyrio in Horat. Sat. II. 1. v. 154., Augustin. in civit. dei. II. 12.

58) Fr. 15. § 2—10. D. de injur. (47. 10).

59) Fr. 15. § 11. 12. D. de injur. (47. 10), Festus v. occentassint, Theophil. IV. 4. § 1.

60) Fr. 15. § 15—23. D. de injur. (47. 10). Il est évident que ce commentaire se rapporte à un passage spécial de l'édit.

61) Fr. 15. § 25—33. D. de injur. (47. 10). La formule est indiquée par Paul, Collat. leg. Mos. II. 6.

62) Cicéron, pro Cæcina (13. 12), fr. 11. § 9. fr. 13. § 7. fr. 15. pr. fr. 22. 23. 24. D. de injur. (47. 16). fr. 27. § 28. fr. 41. pr. D. ad l. Aquil. (9. 2), fr. 1. § 38. D. deposit. (16. 3), fr. 25. D. de

attendant, la licence toujours croissante des mœurs rendit
nécessaires des prescriptions encore bien plus sévères pour
certaines espèces d'injures. Une loi *Cornelia*, non pas celle
de sicariis [63]), mais une loi spéciale *de injuriis* [64]) accorda
même dans les trois cas de bourrades ·), de coups et de violation du domicile d'autrui [65]), une action criminelle [66]) dont
l'exercice n'appartenait du reste point à tout le monde, mais
seulement à la partie offensée [67]). On punit en outre spécialement le fait de composer ou de publier un écrit tendant à
porter atteinte à l'honneur de quelqu'un [68]). Un sénatus-
consulte menace également d'une peine criminelle l'auteur,
le vendeur, ou le distributeur de poésies, épigrammes, ou
images diffamatoires [69]). Des constitutions impériales des
derniers temps prononcent même la peine de mort contre les
auteurs de libelles contenant la dénonciation anonyme d'un
crime imaginaire [70]). Dans un grand nombre de cas, s'intro-

act. emt. (19. 1), fr. 2. § 9 D. ne quid in loco publ. (43. 8), fr. 21.
§ 7. D. de furt. (47. 2).

63) Cette remarque est faite par Baiter à propos de *l'index legum*
d'Orelli.

64). Voy. Rein, Rom. Criminalrecht. Pag. 370.

* Je n'ai pas trouvé d'expression plus fidèle pour rendre le sens de
pulsare, très-bien traduit par *stossen*. (Note du trad.)

65) Fr. 5. pr. § 1—8. D. de injur. (47. 10), Paul, Sent. rec. v. 4.
§ 8., § 8. Inst. de injur. (4. 4).

66) Fr. 12. § 4. D. de accus. (48. 2). D'autres auteurs prétendent à
tort que cette loi n'avait institué qu'une action privée. De ce nombre est
Ferratius, epist. 1. 15.

67) Fr. 42. § 1. D. de procur. (3. 3).

68) Fr. 5. § 9. de injur. (47. 10). Le sens qu'ont ici les mots *ex lege*
est incertain. Ils ne peuvent s'appliquer aux Douze Tables ; pas davantage
à la loi *Cornelia*, citée plus haut, puisqu'elle ne traitait que des trois
sortes d'injures corporelles. Peut-être faut-il lire S. C. ; cette variante
serait en parfait rapport avec les trois passages qui suivent immédiatement.

69) Fr. 5. § 10. 11. fr. 6. D. injur. (47. 10), fr. 18. § 1. D. qui
testam. (28. 1), Paul, Sent. rec. V. 4. § 15.

70) C. 1. 7. 9. 10. C. Th. de famos. libell. (9. 34), c. 1. C. J. de
famos. libell. (9. 36).

duisirent des pénalités prononcées *extra ordinem* [71]), mais aussi, l'application des incriminations établies par l'édit du préteur, la loi *Cornelia* et le sénatus-consulte, devint plus arbitraire. On avait alors toujours le choix entre une action civile et une accusation pénale [72]), et dans ce second cas, le juge infligeait au coupable une peine extraordinaire dont il déterminait la mesure [73]). L'action d'injures entraînait l'infamie pour le condamné, même au civil [74]), mais aussi, l'on punissait sévèrement celui qui intentait une pareille accusation par pur esprit de vexation [75]).

798. Le dommage causé injustement avait déjà été puni par la loi des Douze Tables [76]), et d'autres dispositions légales qui toutes ont été abrogées [77]) par la loi *Aquilia* [78]). Cette loi contenait trois chefs; le second renferme une disposition dont l'explication ne rentre pas dans notre sujet [79]). Le premier prononçait contre celui qui avait à dessein ou par sa faute causé la mort d'un esclave ou d'un quadrupède servant à l'agriculture, une réparation consistant dans le payement de la plus haute valeur que la chose avait atteinte dans l'année

---

71) Paul, Sent. rec. V. 4. § 4. 5. 11. 13. 14. 16. 17. 21., fr. 1. § 1. D. de extraord. crim. (47. 11).

72) Fr. 6. 7. § 6. fr. 37. § 1. D. de injur. (47. 10), § 7. 10. Inst. de injur. (4. 4).

73) Fr. 45. D. de injur. (47. 10), § 10. Inst. de injur. (4. 4), Paul, Sent. rec. V. 4. § 7. 8. Aussi les Pandectes n'indiquent-elles pas la peine que la loi *Cornelia* et le sénatus-consulte avaient portée.

74) Fr. 1. D. de his qui not. (3. 2), Paul, Sent. rec. V. 4. § 9.

75) Fr. 43. D. de injur. (47. 10).

76) Festus v. rupitias, sarcito.

77) Fr. 1. D. ad l. Aquil. (9. 2), Theop. IV. 3. § 15.

78) Ce sujet est traité par : Rudorff, in Savigny, Zeitschr. XIV. 374—399., Röm. Rechtsgesch. 1. § 41., Huschke. Gaius. pag. 104—114. Tous deux présentent cependant sur la portée et la procédure de cette loi des combinaisons qui nous paraissent on ne peut plus incertaines et contestables.

79) Voyez plus haut § 604. Notes 43. 44.

du dommage [80]). Le troisième chef de la loi *Aquilia* comprend tous les autres cas de dommage causé injustement, et fixe comme mesure de la réparation le prix de la chose pendant les trente derniers jours avant le préjudice, ce qui s'entendait naturellement du plus haut prix qu'elle avait atteint [81]). La loi ne s'appliquait cependant proprement qu'au dommage causé par un corps à un autre *(corpore corpori)*. Quand cette première condition ne se rencontrait pas dans l'espèce, le plaignant n'obtenait qu'une *utilis Aquiliæ actio in factum* [82]), et une simple *actio in factum* dans le cas où la seconde manquait également [83]). Cette loi permettait au reste d'appliquer au défendeur le double de la peine en cas de négation du fait par son auteur [84]).

799. Il existait en outre des dispositions particulières relatives à divers genres de dommages. La loi des Douze Tables punissait d'une amende de 25 *as* par pied celui qui avait abattu furtivement les arbres d'un autre [85]); le préteur prononçait dans ce cas une réparation qui s'élevait au double du dommage causé [86]). Ce délit pouvait même dans certaines circonstances entraîner une peine criminelle [87]). Un dommage avait-il été causé méchamment au milieu d'une foule tumultueuse, l'édit prononçait la peine du double contre l'auteur du délit, qui pouvait même être frappé d'une peine extraor-

---

80) Fr. 2. D. ad l. Aquil. (9. 2), Gaius III, 210—214., pr. § 1—11. Inst. de l. Aquil. (4. 3).

81) Fr. 27. § 5. fr. 29. § 8. D. ad l. Aquil. (9. 2), Gaius III. 217. 218., § 13—15. Inst. de l. Aquil. (4. 3).

82) Gaius III. 219., § 16. Inst. de l. Aquil. (4. 3). On en trouve des exemples dans Gaius III. 202., fr. 7. § 3. 6. fr. 9. pr. § 2. fr. 29. § 7. fr. 53. D. ad l. Aquil. (9. 2), fr. 11. D. præscr. verb. (19. 5).

83) § 16. Inst. de l. Aquilia (4. 3), fr. 33. § 1. ad l. Aquil. (9. 2).

84) Fr. 2. § 1. D. ad l. Aquil. (9. 2). Gaius IV. 171.

85) Pline, Hist. nat. XVII. 1., fr. 11. D. arbor. furt. cæs. (47. 7). Gaius IV. 11.

86) Fr. 7. § 7. fr. 8. pr. D. arbor. furt. cæs. (47. 7).

87) Fr. 2. D. arbor. cæs. furt. (47. 7), Paul, Sent. rec. V. 20. § 6.

dinaire s'il y avait eu par son fait des personnes lésées dans leur corps [88]). La loi des Douze Tables [89]), et une certaine loi *Pesulania* [90]) punissaient déjà le dommage causé par un animal dont le propriétaire (pour peu qu'il eût eu une faute même éloignée à se reprocher) était tenu à réparation, s'il ne préférait abandonner l'animal au plaignant à titre d'indemnité. Les Douze Tables donnaient de plus une action contre celui dont le bétail était allé paître sur le champ d'autrui [91]). L'édit des édiles prononçait des peines plus sévères contre celui qui avait tenu près d'un chemin public un animal dangereux, et occasionné ainsi un préjudice quelconque [92]). L'édit contient des prescriptions pareilles à l'encontre de l'habitant d'une maison des fenêtres de laquelle on aurait versé ou jeté quelque substance ayant causé un dommage à quelqu'un [93]). Enfin, quand un fils de famille ou un esclave avait causé un préjudice par un délit ou autrement, le père ou le maître étaient tenus, soit de supporter les conséquences de l'action, soit de livrer l'auteur du fait au plaignant [94]). C'est ce qu'avaient déjà prescrit en partie la loi des Douze Tables, puis la loi *Aquilia* et aussi l'édit [95]). Quand plusieurs esclaves avaient conjointement pris part à un vol, le maître, d'après une disposition expresse de l'édit, n'était obligé de débourser que la somme qu'il eût payée si le délit avait été commis par un seul homme libre [96]).

---

88) Fr. 4. D. vi bonor. rapt. (47. 8), Paul, Sent. rec. V. 3. § 1.

89) Fr. 1. 4. D. si quadrupes. (9. 1), pr. Inst. si quadrupes (4. 9).

90) Paul, Sent. rec. 1. 15. § 1. 3.

91) Fr. 14. § 3. D. præscr. verb. (19. 5), Paul, Sent. rec. 1. 15. § 1.

92) Fr. 40. § 1. fr. 41. 42. D. de ædil. edict. (21. 1), Paul, Sent. rec. 1. 15. § 2., §. 1. Inst. si quadrupes. (4. 9).

93) Fr. 1. pr. § 1—6. fr. 5. § 5. D. de his qui effud. (9. 3); § 1. 2. Inst. de obl. quæ quasi ex del. (4. 5).

94) Voir Walter. Hist. du droit romain. § 474. 542.

95) Fr. 2. § 1. D. de noxal. act. (9. 4), Gaius IV. 76., fr. 1. pr. fr. 5. § 6. D. de his qui effud. (9. 3).

96) Fr. 1. 2, D. si familia furtum. (47. 6).

800. Il faut encore mettre au nombre des délits privés les faits suivants : Les jeux de pur hasard étaient défendus par une loi [97]) qui même était sanctionnée par la peine du quadruple [98]). Le préteur chercha également à les frapper d'une manière indirecte [99]), mais les paris aux jeux gymnastiques étaient autorisés par une loi *Titia, Publicia* et *Cornelia,* et par un sénatus-consulte dont le nom n'est pas connu [100]). C'est sur cette distinction même que reposait la Constitution de Justinien ; seulement, il n'y est question que de la répétition de ce qui a été perdu, et non de la peine du quadruple [101]). L'édit protégeait les citoyens contre les exactions et les violences des publicains par une action pour le double [102]), à laquelle pouvait encore s'ajouter une peine extraordinaire [103]). Le préteur donnait en outre une action pour le quadruple [104]) contre celui qui avait reçu de l'argent pour intenter un procès à quelqu'un ou pour abandonner une instance; ces faits furent plus tard frappés d'une peine extraordinaire [105]). Enfin, un édit de Marc-Aurèle punissait, en le privant du droit qu'il réclamait, celui qui voulait se faire violemment justice par lui-même; quand il n'était pas propriétaire de la chose qu'il prétendait se faire attribuer, il était condamné à la restituer et à en payer la valeur [106]).

801. On peut en quelque sorte placer dans une catégorie intermédiaire, entre les délits privés et les délits publics, les cas d'actions populaires. Ces actions se rapportaient à la poursuite de certaines contraventions de police. L'autorité

---

97) Cicéron, Philipp. II. 23.
98) (Ascon.) in divin. 7. pag. 110. Orell.
99) Fr. 1. pr. § 1—3. D. de aleat. (11. 5).
100) Fr. 2. § 1. 3. D. de aleat. (11. 5).
101) C. 1. 3. C. de aleat. (3. 43).
102) Fr. 1. 5. § 1. D. de publican. (39. 4).
103) Fr. 9. § 5. D. de publican. (39. 4).
104) Fr. 1. pr. § 1. 2. fr. 5. § 1. D. de calumn. (3. 6).
105) Paul, Sent. rec. 1. 5.
106) Fr. 13. D. quod metus causa (4. 2), fr. 7. D. ad l. Jul. de vi priv. (48. 7), c. 7. C. unde vi (8. 4), § 1. Inst. de vi bon. rapt. (4. 2).

n'intervenant point directement dans la poursuite des infractions de cette espèce, on comptait sur l'activité des
citoyens pour sauvegarder l'intérêt commun, et il était dès
lors permis à tout le monde d'intenter l'action [107]). A ce point
de vue, il y avait de l'analogie entre ces contraventions et les
délits publics. Mais pour que les citoyens eussent un intérêt
positif à se produire dans un débat pour l'avantage de tous, on
assurait au plaignant l'adjudication pécuniaire qui pouvait être
prononcée en réparation du délit. Sous ce rapport, ce genre de
méfaits ressemblait aux délits privés [108]); ils étaient poursuivis
comme ces derniers devant les tribunaux civils, et l'action
pouvait également s'exercer [109]) contre les héritiers lorsque la
litis contestatio avait déjà eu lieu [110]). Quand une action populaire était intentée à la fois par plusieurs personnes, la préférence était donnée à celui des plaignants qui avait le plus
d'intérêt à la demande, et cette question était tranchée par le
préteur [111]). En règle générale, on ne pouvait pas intenter
une action de cette nature par procureur, puisque l'on était
soi-même considéré dans cette circonstance comme représentant le peuple dans la poursuite de l'instance [112]).

802. Quant aux cas particuliers d'actions populaires, elles
avaient lieu contre celui qui avait altéré *(corruptum)* un édit du
préteur rendu public [113]); contre celui qui en jetant un objet

---

107) Fr. 1. 2. 3. D. de popul. act. (47. 23), fr. 43. § 2. D. de procur. (3. 3).

108) Aussi le titre des accusations populaires relatif aux délits privés
se trouve-t-il placé avant celui des *publica judicia*.

109) § 1. Inst. de perpet. et temp. act. (4. 12), fr. 13. pr. D. de
injur. (47. 10), fr. 16. § 13. D. de publican. (39. 4).

110) Fr. 8. D. de popul. act. (47. 23), fr. 12. pr. D. de verb. signif.
(50. 16). Les *publica judicia* entraînaient une sanction contre le patrimoine, et dès lors atteignaient les héritiers, mais cet effet ne se produisait que par la *condemnatio*. fr. 20. D. de accusat. (48. 2).

111) Fr. 2. 3. § 1. D. de popul. act. (47. 23).

112) Fr. 42. pr. fr. 43. § 2. fr. 45. § 1. D. de procurat. (3. 3), fr.
5. D. de popul. act. (47. 23).

113) Fr. 7. D. de jurisd. (2. 1).

du haut d'une maison, avait causé la mort d'un homme libre
[114]); contre ceux qui avaient placé ou suspendu en saillie devant
leur habitation des objets dont la chute pouvait occasionner
un dommage [115]); contre ceux qui avaient planté ou bâti dans
l'espace réservé devant les aqueducs [116]). La détérioration
ou l'obstruction des chemins ou places publics étaient également
ment punies par ces actions [117]); elles atteignaient encore ceux
qui avaient labouré ou altéré les *cardines* ou *decumani* placés
sur les routes, ceux qui se rendaient coupables de quelque
entreprise sur les cours d'eau le long des chemins publics [118]);
qui comblaient les fossés pratiqués pour l'écoulement des
eaux [119]); ceux qui violaient les sépultures, délit qui fut puni
plus tard d'une peine extraordinaire [120]). Il faut rapporter au
même cas le déplacement frauduleux des limites, qui étaient
consacrées par des cérémonies religieuses [121]); une loi de Numa
vouait aux Dieux la tête de celui qui s'était rendu coupable d'un
semblable attentat [122]). Une loi agraire de Caius César [123]), la
même qui dans le recueil des *agrimensores* est relatée sous la
rubrique de la loi *Mamilia* [124]), et dont l'auteur est vraisem-

---

114) Fr. 1. pr. fr. 5. D. de his qui effud. (9. 3).

115) Fr. 5. § 6—13. D. de his qui effud. (9. 3), § 1. Inst. de oblig.
quæ quasi ex del. (4. 5).

116) Frontin, de aquæduct. 127.

117) Fr. 1. 2. D. de loc. et itin. publ. (43. 7), fr. 2. pr. § 34. 35.
44. D. ne quid in loco publ. (43. 8), fr. 42. pr. D. de procur. (3. 3).

118) Telle était la disposition de la loi Mamilia c. 4. Voir à ce sujet
Rudorff, Röm. Feldmesser II. 245.

119) Fr. 3. pr. fr. 6. 9. D. de sepulchr. viol. (47 12), fr. 42. pr. D.
de procur. (3. 3).

120) Fr. 8. 11. D. de sepulchr. viol. (47. 12), Paul, Sent. rec. 1.
21. § 4—9., c. 2. 4. C. de sepulchr. viol. (9. 19).

121) Denis d'Halic. II. 74. Cpr. § 149. Note 46. § 269. Note 79.

122) Festus, v. termino. Denis d'Halic. II. 74.

123) Ce sujet est traité par : Rudorff, in Savigny Zeitschr. IX. 379—
420., Röm. Feldmesser II. 244—248., Mommsen, Röm. Feldmesser II.
223—26.

124) Rudorff et Mommsen sont d'accord sur ce point, mais non sur

blablement Caligula [125]), accordait dans ce cas une action populaire [126]). Mais depuis Adrien, le même délit fut puni d'une peine extraordinaire [127]).

Chapitre troisième.

Des Délits publics.

803. A la classe des délits publics appartenaient avant tout ceux contre l'Etat. Dans les temps les plus reculés, alors que le droit pénal fonctionnait sans lois précises, par la seule force de la coutume ou de l'instinct naturel, les Romains prirent soin d'établir une règle d'après laquelle ils pouvaient déclarer coupable de *perduellio*, l'auteur de tout méfait dont la gravité paraissait appeler la vengeance publique; le coupable considéré comme perturbateur de la paix générale était alors battu de verges et suspendu *arbori infelici*. On pouvait de cette manière poursuivre suivant les circonstances, un meurtre éclatant [1]), la perte d'une armée, la tentative d'usurpation du

---

celui de savoir si cette loi était ou non distincte de l'ancienne loi *Ma-milia*. § 772. Note 77.

125) Tel est l'avis de Rudorff. Mommsen au contraire l'attribue à Jules César.

126) Fr. 3. D. de termino moto (47. 21). Rudorff en explique la procédure, in Savigny Zeitschr. XIV. 369—374., Röm. Feldmesser II. 246—248.

127) Fr. 2. D. de termino moto (47. 21), Collat. leg. Mos. XIII 2. 3., Paul, Sent. rec. I. 16. V. 22. § 2.

1) C'est ainsi que fut poursuivi l'assassinat de la sœur d'Horace. Tite-Live 1. 26. Les expressions employées ici démontrent que l'expression *perduellio* ne désignait pas primitivement un crime contre l'Etat, ni aucune espèce particulière de délits; mais *judicare perduellionem alicui*, se disait de celui qu'on accusait d'avoir commis une action par laquelle il avait troublé la paix et mérité la mort. C'est faire violence au sens des

pouvoir, et l'atteinte portée au respect des tribuns du peuple [2]).
Il y eut encore un exemple d'une pareille instance vers les
derniers temps de la République [3]), bien que l'ignominie des
peines corporelles, aussi bien que la mort, fût jugée in-
compatible avec les hautes prérogatives du droit de cité [4]).
Indépendamment de cela, les Douze Tables établirent la peine
de mort contre quiconque aurait introduit l'ennemi dans le
pays, ou lui aurait livré des citoyens [5]).

Lorsque grâce aux progrès de l'esprit public, chacun eut
conscience de toute l'étendue de la majesté du peuple
romain [6]), on vit se dégager aussi la notion des délits de lèse-
majesté comprenant tous les faits de nature à amoindrir,
léser ou menacer la dignité, la grandeur ou la puissance de
la République [7]). C'est dans ce sens que furent publiées plusieurs lois de lèse-majesté, la loi *Apuleia*, dont la date et la
teneur sont incertaines [8]), la loi *Varia*, en 664 [9]), la loi *Cornelia* (673) [10]), et la loi *Julia* de César (708) [11]); l'admission d'une

---

choses que de s'efforcer de ranger le crime d'Horace parmi les délits
publics. Ainsi, Rubino et Köstlin considèrent l'action du vainqueur d'Albe
comme *perduellio*, parce qu'il avait empiété sur la puissance judiciaire
régulièrement organisée; d'autres comme Sigonius et Schweppe, parce
que le meurtre avait été commis devant le peuple et le Roi. Des explications plus précises sont données par Rein, *Criminalrecht*, page 467,
mais lui-même se rapproche de l'opinion de Köstlin. La démonstration
de Rudorff, II. § 111, note 1. n'est pas plus satisfaisante.

2) Tite-Live, II. 41. VI. 20. XXVI. 3. XLIII. 16., Denis d'Halic. VIII.
77. 78.

3) Dion Cass. XXXVII. 27.

4) Cicéron, pro Rabir. 3. 4. 5.

5) Fr. 3. D. ad l. Jul. majest. (48. 4).

6) Cicéron, apud Quintil. inst. orat. VII. 3. i. l.

7) Cicéron, de orat. II. 39., orat. part. 30., de invent. II. 17. 18., in
Verr. IV. 31.

8) Cicéron, de orat. II. 25. 49.

9) Valer Max. VIII. 6. 4., Ascon. in Cornel. p. 79. Orell.

10) Cicéron, in Pison. 21., pro Cluent. 35., in Verr. 1. 5., ad famil. III.
11., Amm. Marc. XIX. 12, 17.

11) Cicéron, Philipp. I. 9.

seconde loi *Julia* d'Auguste repose sur des fondements qui ne présentent aucune certitude. Cette loi *Julia* (de César) qui embrassait un très-grand nombre de cas [12], s'étendait à beaucoup de circonstances dans lesquelles on aurait jadis intenté une poursuite pour *perduellio;* la peine qu'elle prononçait était l'interdiction du feu et de l'eau [13]. Sous l'empire, la majesté du peuple romain ayant été transportée au prince, et s'étant concentrée dans sa personne, on admit naturellement cette idée que toute attaque contre la propriété, les droits et la dignité du souverain était un attentat contre la majesté du peuple ; déjà Auguste s'était fondé sur cette loi pour punir les auteurs de libelles [14], et depuis Tibère, l'apparence éloignée d'une atteinte à la vénération due au prince fut considérée comme un crime de lèse-majesté [15]. Aussi les peines furent-elles arbitrairement aggravées, mais cela même conduisit à restreindre la notion de ce crime et à n'y comprendre que les faits et les attentats directement dirigés contre la paix publique ou la personne de l'empereur [16]. Les autres actions que la loi *Julia* avait définies crimes de lèse-majesté, furent encore considérées comme punissables conformément à cette loi, mais ne furent plus poursuivies sous cette qualification, ni punies des peines graves qu'entraînait cette redoutable incrimination [17]. Le crime de lèse-majesté, dans ce nouveau sens plus restreint, fut aussi

---

12) Fr. 1. § 1. fr. 2. 3. 4. pr. D. ad l. Jul. majest. (48. 4 , Tacite, Ann. 2. 72.

13) Cicéron, Philipp. 1. 9., Capit. Pertinax 6., Paul, Sent. rec. V. 29. § 1.

14) Tacite, Ann. 1. 72., Dion Cass. LVI. 27., Suétone, Octave. 55.

15) Tacite, Ann. 1. 73. 74. II. 50. III. 38. 67. VI. 18. XIV. 48., Suétone, Tibère 58. Néron, 52. Domit. 10. 12., fr. 4. § 1. fr. 5. 6. D. ad l. Jul. majest. (48. 4).

16) Fr. 11. D. ad l. Jul. majest. (48. 4), Paul, Sent. rec. V. 29. § 1., § 3. Inst. de publ. judic. (4. 18).

17) Fr. 11. D. ad l. Jul. maj. (48. 4).

nommé *perduellio* [18]). Dans les derniers temps de l'empire
s'introduisirent encore quelques dispositions plus rigoureuses; cependant Théodose se montra très-indulgent relativement aux injures verbales [19]), tandis que l'empereur Ar-
cadius assimila au crime de lèse-majesté même le projet
d'attenter à la vie de certains fonctionnaires d'un rang
élevé [20]); d'autres princes allèrent encore plus loin [21]). Déjà
au troisième siècle la peine était la mort [22]); on y joignit dès
les premiers empereurs la confiscation générale [23]) et la condamnation de la mémoire à l'exécration publique [24]); bien
plus, les enfants eux-mêmes étaient atteints [25]), ce qui se vit
pour la première fois lors des proscriptions de Sylla [26]). Ce
crime avait encore ceci de particulier que depuis Marc-Aurèle, non-seulement on continuait la poursuite d'une instance
déjà commencée, mais on pouvait même l'intenter pour la
première fois après la mort [27]). Au crime de lèse-majesté
se rattachaient l'organisation d'assemblées nocturnes que

---

18) La preuve que le nouveau droit considérait comme identiques le
crime de lèse-majesté et celui de *perduellio* se trouve dans la comparaison de la loi 4. D. de jure patr. (37. 14) avec le fr. 9. D. ad. l. Jul.
majest. (48. 4); et celle de la loi 20. D. de accus. (48. 2) avec la c. 2.
C. de bon. eor. (9. 50).

19) C. 1. C. si quis imper. maledix. (9. 7).

20) C. 5. pr. C. ad. l. Jul. majest. (9. 8).

21) C. 3. C. Th. de vestib. olov. (9. 21), c. 6. C. de rescr. (1. 23),
c. 1. C. de priv. carcer. (9. 5).

22) Paul, Sent. rec. V. 29. § 1., c. 5. C. ad l. Jul. majest. (9. 8).

23) Pline, Paneg. 42., c. 5. pr. C. ad l. Jul. majest. (9. 8), nov.
134. c. 13.

24) Fr. 24. D. de pœn. (48. 19), c. 6. C. ad l. Jul. majest. (9. 8).
§ 3. Inst. de publ. judic. (4. 18).

25) C. 5. § 1. 3. 4. 6. C. ad l. Jul. majest. (9. 8).

26) Denis d'Halic. VIII. 80.

27) Fr. 11. D. ad l. Jul. majest. (48. 4), fr. 20. D. de accus.
(48. 2), c. 7. 8. C. ad. l. Jul. majest. (9. 8), fr. 1. § 3. D. de suis.
(38. 16).

les Douze Tables menaçaient de mort [28]), l'excitation à l'in-
surrection [29]), la trahison, et la désertion à l'ennemi [30]).

804. On doit compter aussi parmi les délits intéressant
l'Etat, ceux contre la Religion. Les Romains la considéraient
avant tout comme une chose nationale, aussi conservèrent-
ils ses usages à chaque peuple soumis à leur empire [31]),
tandis qu'ils punissaient comme contraire à l'Etat toute introduction arbitraire de doctrines ou de cérémonies nouvelles.
Ce point était traité, moins comme une question de droit, que
comme un intérêt de haute administration, et l'on intervint
contre ces actes suivant l'exigence des circonstances par des
édits d'avertissement et de prohibition, ou par des châtiments allant jusqu'à la mort [32]). Sous les empereurs, on
appliqua en cette matière la déportation, et contre les gens
de condition inférieure le dernier supplice [33]). On punissait
d'une manière analogue la conversion au judaïsme [34]), mais
on procédait beaucoup plus sévèrement contre les disciples
du Christ [35]), puisque d'après les édits promulgués dans tout
l'empire, on devait les contraindre en employant tous les
moyens possibles à offrir des sacrifices aux Dieux de la
patrie [36]). Tel fut le fondement des persécutions exercées
contre les chrétiens dont les *Actes* encore trop peu étudiés,
présentent le plus grand intérêt tant pour le jurisconsulte

---

28) Porcius Latro, Declam. in Catil. 19.

29) Paul, Sent. rec. V. 22. § 1., fr. 3. § 4. D. ad l. Cornel. de
sicar. (48. 8), fr. 38. § 2. D. de pœn. (48. 19), c. 1. 2. C. de sedit.
(9. 30).

30) Tite-Live, XXX. 43., fr. 8. § 2. fr. 38. § 1. D. de pœn. (48. 19).

31) Voir § 206. 237. 303. 313.

32) Tite-Live, IV. 30. XXV. 1. XXXIX. 14—18., SC. de Bacchana-
libus a. 568., Dion Cass. LIV. 6.

33) Paul, Sent. rec. V. 21. § 2., Collat. leg. Mos. XV. 3.

34) Fr. 11. D. ad l. Cornel. de sicar. (48. 8), Spartian. Sever. 17.,
Paul, Sent. rec. V. 22. § 3. 4.

35) Tacite, Ann. XV. 44., Spartian. Sever. 17.

36) Acta S. Justin. 1., S. Fel. 1., Eusèbe, Hist. eccles. VIII. 2.,
Lactance, de mort. pers. 13. 15.

(à cause des procès-verbaux judiciaires qu'ils renferment),
que pour l'historien : il y trouverait la représentation vivante
des émotions dont le contraste agitait alors le monde ; le
tableau de l'étonnement du Romain en face d'une grandeur
morale que ses préjugés et son matérialisme ne lui permettaient pas de comprendre; celui du paganisme s'épuisant dans
une rage impuissante, et enfin le magnifique spectacle d'une
puissance nouvelle s'élevant du milieu des supplices et des
cendres du bûcher [37]).

805. L'homicide volontaire [38]) était puni de mort par une
loi de Numa [39]), il l'était sans doute de la même manière par
la loi des Douze Tables [40]); l'homicide involontaire était
d'après l'ancien droit religieux [41]), et à ce qu'il paraît d'après
les Douze Tables [42]) expié par le sacrifice d'un bélier. La loi
fondamentale du droit postérieur fut la loi *Cornelia de sicariis
et veneficis*, qui punissait non-seulement l'homicide volontaire accompli, mais la tentative de meurtre ou de vol commise par des gens armés ; il en était de même de la prépara-
tion et de la vente de poisons: cette loi punissait aussi d'une
manière analogue comme l'avait fait précédemment une loi
Sempronia [43]) le fait de celui qui organisait une accusation capitale en subornant des témoins à prix d'argent [44]); les faux

---

37) Ces actes que d'après son propre témoignage le grand Scaliger ne
pouvait lire sans la plus profonde émotion sont cités ici d'après l'édition
suivante : Acta martyrum P. Theodorici Ruinart opera ac studio collecta
per Bern. Galura. Aug. Vindel. 1802. 3. vol. 8.

38) Sur la question, assez indifférente en droit, de savoir si dans
l'origine chaque meurtre était appelé *parricidium*, voy. Rein Criminalrecht, pages 401. 449.

39) Festus v. parici.

40) Pline, Hist. nat. XVIII. 3.

41) Servius, in Eclog. IV. 43. in Georg. III. 387., Denis d'Halic.
III. 22. Voir aussi Festus v. sororium.

42) Cicéron, pro Tull. 51., Topic. 17., Festus, v. subici, subigere.

43) Cicéron, pro Cluent. 55. 56.

44) Collat. leg. Mos. 1. 3., Cicéron, pro Cluent. 54. 55. 57., fr. 1.
pr. § 1. fr. 3. pr. § 1. 2. fr. 4. pr. D. ad l. Cornel. de sicar. (48. 8),
Paul, Sent. rec. V. 23. § 1. 10., § 5. Inst. de public. judic. (4. 18).

témoins et le magistrat corrompu qui les entendait dans une pareille instance subissaient le même sort. Plusieurs sénatus-consultes et constitutions étendirent l'application de cette loi, notamment à la castration, aussi bien des esclaves que des hommes libres [45], et aux sacrifices humains [46]. La peine de la loi *Cornelia* était l'exil ; plus tard on frappa de mort les gens de basse condition [47]. On ne faisait aucune distinction entre l'homicide réellement accompli [48], et le cas où la victime désignée avait échappé. Le meurtre par colère ou par négligence était selon les circonstances puni plus légèrement ou demeurait tout à fait impuni [49].

Le droit ultérieur se montra spécialement sévère contre une forme spéciale de menaces de mort usitée en Arabie sous le nom de *Scopelismus* [50]. La loi *Cornelia* contenait aussi sur le meurtre de certains proches parents, des dispositions qui furent confirmées par la loi *Pompeia de parricidiis* [51] ; la peine était la mort, qui pour le meurtre des ascendants avait lieu dans une forme particulière empruntée aux temps les plus antiques [52], forme que Constantin étendit également au meurtre des enfants [53]. Le droit en usage sous les Rois punit

---

45) Fr. 3. § 3. 4. fr. 4. § 2. fr. 5. D. ad l. Cornel. de sicar. (48. 8), Suétone, Domitien. 7., Amm. Marc. XVIII. 4., Paul, Sent. rec. V. 23. § 13., c. 1. 2. C. de eunuch. (4. 42), nov. 142.

46) Pline, Hist. nat. XXX. 3. (1), Paul, Sent. rec. v. 23. § 16.

47) Paul, Sent. rec. V. 23. § 1., fr. 3. 5. fr. 16. D. ad l. Cornel. de sicar. (48. 8).

48) Fr. 7. 14. D. ad l. Cornel. de sicar. (48. 8', Paul, Sent. rec. v. 23. § 3., c. 7. C. ad l. Cornel. de sicar. (9. 16).

49) Fr. 1. § 2—5. fr. 3. § 6. fr. 4. § 1. fr. 7. 9. 12. D. ad l. Cornel. de sicar. (48. 8), Paul, Sent. rec. V. 23. § 3. 8. 12. 19., Collat. leg. Mos. 1. 6. 8. 9. 10., c. 1—5. C. ad l. Cornel. de sicar. (9. 16).

50) Fr. 9. D. de extraord. crimin. (47. 11).

51) Fr. 1. D. de l. Pompeia de parric. (48. 9).

52) Fr. 9. pr. D. ad l. Pompei. de parric. (48. 9), Paul, Sent. rec. V. 24. Cette forme est aussi mentionnée par Valer. Max. I. 1. 13., Tite-Live, Epit. 68., Cicéron, pro Rosc. Amer. 25.

53) C. un C. de his qui parent. (9. 17), § 6. Inst. de publ. jud. (4. 18).

de l'anathème ou de la mort les mauvais traitements exercés
par les enfants sur leurs parents [54]).

806. La loi des Douze Tables prononçait déjà une peine
contre les incendiaires [55]). Plus tard ce fut la loi *Cornelia*,
dont nous avons parlé plus haut, qui entreprit de réprimer ce
crime [56]). Sous l'empire, la peine de l'incendie volontaire fut
communément la mort [57]), et même la peine du feu en cas
de circonstances aggravantes [58]); quant à l'incendie dû à la
simple négligence, il était puni suivant le plus ou moins de
culpabilité de l'accusé [59]).

807. Les Douze Tables contenaient également des dispositions contre l'usage dangereux de formules magiques, notamment celles qu'on employait pour jeter un sort *(incantare)* sur
les productions de la terre [60]). Un sénatus-consulte fit tomber
sous l'application de la loi *Cornelia* l'emploi frauduleux de
maléfices [61]), ainsi que la pratique et même la connaissance
d'artifices magiques pour ensorceler quelqu'un ou le frapper
de paralysie *(defigere)* [62]). Il faut rapprocher de cette disposition celle qui punissait les aruspices, les tireurs d'horoscopes,

---

54) Festus v. plorare.
55) Cela s'induit de la loi 9. D. de incend. (47. 9) tirée du commentaire de Gaius sur la loi des Douze Tables.
56) Fr. 1. pr. D. ad l. Cornel. de sicar. (48. 8), Collat. leg. Mos.
XII. 5.
57) Fr. 10. D. ad l. Cornel. de sicar. (48. 8, fr. 12. § 1. D. de
incend. (47. 9), Collat. leg. Mos. XII. 4. 5. 6. 7., Paul, Sent. rec.
V. 3. § 6. V. 20. § 1. 2. 5.
58) Fr. 28. § 12. D. de pœn. (48. 19), fr. 9. D. de incend. (47. 9).
59) Fr. 4. D. de off. præf. vigil. (I. 15), fr. 11. D. de incend.
(47. 9), Collat. leg. Mos. XII. 2. 3. 5. 6. 7., Paul, Sent. rec. V. 3.
§ 6. V. 20. § 3.
60) Pline, Hist. nat. XXVIII. 4. (2). Servius ad eclog. VIII. 99.,
Senèque, Nat. quæst. IV. 7., St August. de civit. dei. VIII. 19.
61) Fr. 13. D. ad l. Cornel. de sicar. (48. 8).
62) Paul, Sent. rec. V. 23. § 15—18., Apulée, Apol. 1. pag. 377. ed
Oudend., Amm. Marc. XXVIII. 1. 26, c. 3. 4. 5. 6. 7. 10. 11. C.
Th. de malefic. (9. 16), c. 4. 6. 7. 9. C. J. de malefic. (9. 18).

(*mathematici*), et autres individus exerçant l'art divina-
toire [63]).

808. Les actes de violence furent réprimés par une loi
Plautia ou *Plotia* rendue sans aucun doute sous l'influence
des désordres violents du septième siècle ; elle punissait ceux
qui avaient occupé des places qui ne leur appartenaient point,
et s'étaient publiquement montrés en armes [64]). Quintus Luta-
tius Catulus avait présenté [65]) sur le même sujet une loi qui
est vraisemblablement celle-là même que nous venons de
nommer [66]). La loi proposée par Pompée sur les violences,
contenait des dispositions qui restèrent en usage, quoiqu'elle
n'eût été faite qu'en vue d'un procès spécial [67]). Plus tard
furent rendues plusieurs lois *Julia* sur ce point : l'une d'elles
émanait de Jules César, et prononçait l'exil [68]) ; vinrent ensuite,
la loi *Julia de vi publica* [69]), et la loi *Julia de vi privata* [70]).
Viennent-elles toutes deux de César, cas auquel elles se con-
fondraient en une seule, ou n'est-il l'auteur que de la première ; furent-elles toutes les deux, ou au moins la seconde,
rendues par Octave ; ce sont là des questions qu'il est impossible de résoudre [71]). Ce qu'il y a de certain, c'est que les
deux lois sont restées le fondement de la législation posté-
rieure en cette matière.

---

63) Voir § 154.

64) Ascon. in Mil. 35. p. 55. Orell., Salluste, Catil. 31., Schol. Bobiens. in Vat. X. 2. page 320. Orell., Cicéron, ad Attic. II. 24., Declam. de harusp. resp. 8. Schol. Bobiens. in Syll. 33. p. 368. Orell.

65) Cicéron, pro Cælio. 29. C'est sur ce fondement que repose la
supposition d'une loi *Lutatia de vi*. Son existence est encore soutenue
par Rein. Criminalrecht, pag. 742.

66) Cela résulte de la comparaison du passage précédent avec Salluste.
Declam. in Cicer. 1. 3.

67) Voir Chap. VI. Note 7.

68) Cicéron, Philipp. 1. 9.

69) Fr. 1—5. fr. 7. 8. 10. 12. D. ad l. Jul. de vi publ. (48. 6),
Paul, Sent. rec. V. 26. pag. 1. 2.

70) Fr. 2—6. 8. D. ad l. Jul. de vi priv. (48. 7), Paul, Sent. rec.
V. 26. § 3. 4.

71) Voir à ce sujet, Rein, Criminalrecht. page 742.

La peine portée par la première était l'exil, la seconde prononçait la confiscation d'un tiers du patrimoine du coupable, peines qui furent plus tard remplacées par des dispositions plus rigoureuses [72]. Des pénalités spéciales réprimaient deux cas qui se rapportent à ceux des lois citées plus haut, savoir, l'attaque d'une maison avec une bande armée [73]), et le rapt d'une femme ou d'une fille [74]).

809. L'impudicité fut réprouvée de tous temps par les coutumes et la Religion. Une loi de Numa défendait notamment à la femme qui avait eu des rapports notoires avec un homme, marié ou non, de s'approcher de l'autel de Junon [75]). Plus tard, la séduction d'une femme ou d'une jeune fille de mœurs honorables [76]), ou la conduite déréglée d'une matrone [77]), donnaient lieu à une action de la part des édiles : le plus souvent toutefois, de semblables délits étaient vengés par le père, le mari ou les plus proches parents [78]). Avec la décadence des mœurs parurent encore diverses lois sur cette matière, mais elles sont inconnues et abrogées en partie par

---

72) Fr. 10. § 2. D. ad l. Jul. de vi publ. (48. 6), fr. 1. pr. D. ad l. Jul. de vi priv. (48. 7), Paul, Sent. rec. V. 26. § 1. 3., c. 1. 2. 3. C. Th. ad l. Jul. de vi (9. 10), c. 6. 7. C. J. ad l. Jul. de vi (9. 12), § 8. Inst. de publ. jud. (4. 18).

73) Fr. 11. D. ad l. Jul. de vi publ. (48. 6), Paul, Sent. rec. V. 3. § 3.

74) Fr. 5. § 2. fr. 6. D. ad l. Jul. de vi publ. (48. 6), c. 3. C. ad l. Jul. de vi (9. 12), tit. C. Th. de raptu virg. (9. 24), tit. C. Th. de raptu sanctimon. (9. 25), c. un. C. J. de raptu virgin. (9. 13), § 8. Inst. de publ. jud. (4. 18).

75) Aulu-Gelle, IV. 3., Festus v. pellices, fr. 144. D. de verb. sign. (50. 16).

76) Val. Max. VI. 1. 8., Tite-Live, VIII. 22. *Materfamilias* a ici le sens qui lui est donné dans le texte, fr. 46. § 1. D. de verb. signif. (50. 16).

77) Tite-Live, X. 31. XXV. 2. *Matrona* est pris dans le sens donné plus haut à *Materfamilias,* fr. 13. pr. D. ad l. Jul. de adult. (48. 5), fr. 41. § 1. D. de ritu nupt. (23. 2).

78) Valer. Max. VI. 1. 3. 6. Voir aussi § 525.

la loi *Julia de adulteriis* proposée par Octave [79]). Cette loi traitait surtout de l'adultère, c'est-à-dire des rapports criminels
avec une femme mariée. Elle frappait les deux coupables
d'une peine publique, et donnait à chaque citoyen le droit de
se poser en accusateur, sauf cependant certaines restrictions
particulières. La première consistait en ce qu'il n'était plus
possible de former une accusation quand il s'était passé cinq
ans depuis le crime [80]); de plus, ni le mari, ni un tiers ne
pouvaient accuser la femme adultère ou son complice tant que
le mari n'avait pas répudié la coupable [81]). Une accusation
intentée pendant la vie du mari supposait donc la dissolution
du mariage par le divorce dans les cinq ans du crime [82]). C'est
ici que viennent se placer les distinctions. Le premier droit
d'accusation appartenait au mari et au père; ils avaient pour
l'intenter un délai de soixante jours, courant à partir de la
dissolution du mariage [83]). Il était ensuite accordé, mais seulement *jure extranei*, un délai de quatre mois à quiconque se
présenterait, et notamment aux deux intéressés que nous
venons de mentionner [84]). La poursuite n'était plus possible
quand on avait laissé s'écouler six mois depuis le divorce, ou
cinq ans depuis le crime. Le mari était-il mort, le droit d'accusation appartenait au père, ou à tout étranger, à la condition toutefois qu'on se trouverait dans le terme de six mois
depuis le délit, si bien que dans ce cas, il n'était point question du long délai de cinq ans dont nous avons parlé [85]). Dio-

---

79) Collat. leg. Mos. IV. 2., fr. 1. D. ad l. Jul. de adult. (48. 5).
Voir au sujet de cette loi les titres suivants qui s'y rapportent. D.
XLVIII. 5., C. Th. IX. 7., C. J. IX. 9.
80) Fr. 29. § 6. 7. D. h. t., fr. 1. § 10. D. ad SC. Turpill. (48. 16).
81) Fr. 11. § 10. fr. 26. pr. D. h. t., c. 11. C. h. t.
82) Fr. 29. § 5. D. h. t.
83) Collat. leg. Mos. IV. 4., fr. 2. § 8. fr. 3. 4. pr. fr. 14. § 2. fr.
15. pr. fr. 30. § 1. D. h. t., Tacite, Ann. II. 85.
84) Collat. leg. Mos. IV. 4., fr. 4. § 1. 2. fr. 11. § 5. 6. fr. 15. §
5. D. h. t., c. 6. C. h. t.
85) Fr. 29. § 5. D. h. t.

clétien cependant, abolit cette prescription de six mois, de
sorte qu'il ne resta plus que le délai de cinq ans [86]. De son
côté, Constantin limita le droit d'accusation aux parents les
plus proches [87]. On ne pouvait point l'exercer contre les deux
prévenus en même temps, mais seulement l'un après l'autre :
l'accusateur avait généralement le droit de commencer par
celui des deux qu'il lui plaisait de choisir [88]. Si l'adultère
n'était découvert qu'après la mort de la femme, on pouvait
encore intenter une action contre le complice, à la condition
toutefois que cinq années ne se seraient point écoulées depuis
le délit [89]. L'accusation pouvait de même être formée pendant un second mariage que la femme adultère aurait contracté [90], seulement, il fallait alors commencer par mettre en
cause le complice [91], en supposant qu'il vécût encore [92].
Quant à la femme, elle ne pouvait être poursuivie que lorsque
l'accusation dont on la menaçait lui avait été dénoncée avant
la célébration de son nouveau mariage [93], mais sous Dioclétien, toute restriction disparut [94].

810. La peine prononcée par la loi *Julia* était pour les deux
coupables la perte d'une partie de leur patrimoine, avec la
rélégation dans une île [95] ; de plus, on ne pouvait contracter
mariage avec la femme adultère sans encourir les peines
portées contre le *lenocinium* [96] : plus tard, la peine de mort

---

86) C. 28. C. h. t.

87) C. 30. C. h. t.

88) Fr. 15. § 8. 9. fr. 17. § 6. fr. 32. § 1. fr. 39. § 6. D. h. t.,
c. 8. C. h. t.

89) Fr. 11. § 4. fr. 39. § 2. fr. 44. D. h. t., c. 5. 28. C. h. t.

90) Fr. 39. § 1. D. h. t.

91) Fr. 2. pr. fr. 5. 17. § 6. fr. 19. § 2. 3. D. h. t.

92) Fr. 17. § 7. fr. 18. 19. pr. § 1. D. h. t.

93) Fr. 2. pr. fr. 16. 17. pr. § 1—6. fr. 39. § 3. D. h. t., c. 14.
C. h. t.

94) C. 28. C. h. t.

95) Paul, Sent. rec. II. 26. § 14., Tacit. Ann. II. 85., Pline, Lettres,
VI. 31.

96) Fr. 11. § 13. fr. 29. § 1. D. h. t., c. 9. 17. C. h. t.

fut prononcée contre l'adultère [97]). On ne faisait point de différence sous ce rapport entre l'homme libre et l'esclave [98]). La loi *Julia* restreignit dans certaines limites la vengeance personnelle que l'ancienne législation abandonnait aux parties [99]). Le père conserva cependant le droit de mettre à mort la coupable, mais seulement dans le cas où il l'aurait surprise dans sa maison, ou dans celle du mari, et où il aurait frappé les deux criminels sur place [100]). Le mari ne pouvait en aucun cas tuer sa femme; quant au complice saisi sur le fait, il ne pouvait le mettre à mort que quand il faisait partie d'une certaine classe de personnes désignées par la loi [101]), mais il pouvait dans tous les cas le retenir pendant vingt heures dans sa maison [102]). Toutes ces règles étaient faites pour l'union du droit des gens comme pour le mariage civil, et elles étaient applicables non pas seulement à l'épouse mais aussi à la fiancée, et même selon les circonstances à la concubine [103]). La loi *Julia* ne s'occupe point de la violation du *contubernium* [104]), pas plus que des femmes d'une condition infime ou d'un genre de vie peu relevé [105]). Les rapports criminels d'un homme marié avec une femme non mariée n'étaient

---

97) Capitol. Opil. Macr. 12., Amm. Marc. XXVIII. 1. 16., c. 30. § 1. C. h. t., c. 4. C. Th. quorum appell. (11. 36). § 4. Inst. de publ. jud. (4. 18), nov. 134. c. 10. La peine de mort fut aussi appliquée à la femme adultère. Amm. Marc. XXVIII. 1. 28. 45.

98) Fr. 5. D. de accus. (48. 2), fr. 33. pr. D. h. t., c. 26. C. h. t.

99) Aulu-Gelle. X. 23., Valer. Max. VI. 1. 13.

100) Collat. leg. Mos. IV. 2. 8. 9. 12., Paul, Sent. rec. II. 26. § 1. 2., fr. 20. 21. 22. 23. 32. D. h. t.

101) Collat. leg. Mos. IV. 3. 10. 12., Paul, Sent. rec. II. 26. § 4. 5. 6., fr. 22. § 4. fr. 24. 38. § 8. 9. fr. 42. D. h. t., c. 4. C. h. t.

102) Paul, Sent. rec. II. 26. § 3, fr. 25. D. h. t.

103) Fr. 13. pr. § 1. 3. 8. D. h. t., Collat. leg. Mos. IV. 5. 6., c. 7. C. h. t.

104) Fr. 6. pr. D. h. t., c. 23. 24. C. h. t.

105) Paul, Sent. rec. II. 26. § 11., c. 22. 29. C. h. t., fr. 10. § 2. fr. 13. D. h. t.

3

jamais qualifiés d'adultère mais de *stuprum*, et n'étaient punissables que dans les cas où le *stuprum* eût pu être puni [106]).

811. Les relations coupables entre gens non mariés étaient aussi frappées d'une peine publique par la loi *Julia*, mais seulement quand le délit avait été commis avec une personne d'une condition honorable [107]), sans distinction entre les ingénus et les affranchis [108]). La peine était la même que pour l'adultère [109]), et les dispositions relatives à ce dernier délit s'appliquaient également au droit d'accusation [110]), au pouvoir domestique du père, et à la défense de contracter mariage avec les condamnés pour mauvaises mœurs [111]). Le *stuprum* consommé à l'aide de séductions accompagnées de ruses [112]), ou accompli avec une jeune fille non encore nubile [113]) était puni d'une peine extraordinaire. De plus, la loi *Julia* frappait de la même peine que l'adultère certaines espèces de *lenocinium*. Celui par exemple qui avait prêté sa maison pour y accomplir un adultère punissable ou un *stuprum*, tombait sous l'application de cette pénalité [114]) ainsi que le mari qui avait retiré quelque profit de l'inconduite de sa femme [115]), ou s'était montré assez indifférent à son propre honneur pour ne pas la congédier immédiatement quand il l'avait prise sur le fait [116]). Un sénatus-consulte infligeait le même châtiment au mari qui avait lui-même favorisé le séducteur de sa femme [117]). Mais la loi *Julia* laissait impuni le *stuprum* qui n'avait

---

106) C. 1. 18. C. h. t.

107) § 4. Inst. de public. judic. (4. 18).

108) Fr. 6. pr. fr. 34. pr. D. h. t.

109) § 4. Inst. de public. judic. (4. 18).

110) Fr. 29. § 5. D. h. t. *Vidua* signifie ici *innupta*.

111) Collat. leg. Mos. IV. 2., fr. 29. § 1. D. h. t.

112) Fr. 1. § 2. D. de extraord. crim. (47. 11).

113) Fr. 38. § 3. D. de pœn. (48. 19).

114) Fr. 8. 9. 10. pr. § 1. D. h. t.

115) Fr. 2. § 2. fr. 8. pr. fr. 29. § 3. 4. D. h. t., c. 17. C. h. t.

116) Paul, Sent. rec. II. 26. § 8., fr. 2. § 2. 3. 6. fr. 14. pr. fr. 29. pr. D. h. t., c. 2. 17. 26. 28, C. h. t.

117) Fr. 14. § 1. D. h. t.

point été commis avec une personne d'une condition honorable [118]), par exemple avec une femme d'une classe inférieure, la concubine d'un autre [119]) ou une esclave [120]). Il était
même permis aux personnes d'un rang obscur de se faire un
métier de la prostitution ou du *lenocinium* ordinaire, sauf la
déclaration qu'elles étaient tenues d'en faire aux édiles.
Aucune peine n'atteignait ce fait qui toutefois entraînait l'infamie [121]). Une pareille déclaration ne protégeait cependant
pas contre les peines prononcées par la loi *Julia* les femmes
d'une condition élevée [122]), et les empereurs chrétiens s'effor-
cèrent d'abolir complétement ce honteux métier [123]).

Les crimes commis entre personnes du même sexe étaient
punis de mort par la sévérité des anciennes coutumes [124]); une
loi *Scantinia*, dont on ne connaît ni la date ni le contenu, s'en
préoccupa aussi [125]). La loi *Julia* rangeait ces faits parmi les
stupra [126]), mais les constitutions postérieures les frappèrent
de nouveau de mort [127]). Toutes les accusations produites en
vertu de ces lois se prescrivaient par cinq ans [128]). Le *stuprum*
exercé avec violence à l'encontre d'hommes ou de femmes
n'était point du ressort de cette loi *Julia*, mais tombait sous

---

118) Fr. 13. § 2. D. h. t., fr. 1. § 1. fr. 3. pr. D. de concub. (25. 7),
c. 29. C. h. t.

119) Fr. 16. § 1. D. de his quæ ut indign. (34. 9). Voyez sur ce
point § 533. Notes 174 et 176.

120) Paul, Sent. rec. II. 26. § 16., fr. 6. pr. D. h. t., c. 25. C. h. t.

121) Fr. 1. 4. § 2. 3. D. de his qui not. (3. 2). Voir à ce sujet,
Savigny, System. II. 183. 554—559.

122) Tacite, Ann. II. 85., Suétone, Tibère. 35., fr. 10. § 2. D. h. t.

123) C. 1. 2. C. Th. de lenon. (15. 8), nov. Theodos. tit. XVIII. de
lenon., nov. Justin. 14.

124) Valer. Max. VI. 1. 7. 9. 10. 11., Denis d'Halic. exc. p. 2336. ed
Reisk.

125) Auson. Epigr. 89., Juvénal, Sat. II. 44., Cicéron, ad famil.
VIII. 12. 14., Suétone, Domit. 8.

126) Fr. 34. § 1. D. h. t., Collat. leg. Mos. V. 2., Paul, Sent. rec.
II. 26. § 13.

127) Collat. leg. Mos. V. 3., c. 6. C. Th. h. t., c. 31. C. J. h. t.

128) Fr. 29. § 6—9. D. h. t.

l'application de la loi *de vi publica* [129]; toutefois la peine de mort ne tarda pas à être appliquée de nouveau aux auteurs du *stuprum* exercé contre un homme libre [130]).

La bigamie était considérée comme adultère pour la femme qui avait contracté un second mariage avant la dissolution du premier [131]); l'infamie frappait celui qui épousait deux femmes à la fois [132]), et il pouvait en outre être accusé de *stuprum* [133]). Enfin une alliance entre parents ou alliés au degré prohibé n'était point considérée comme mariage, mais comme une union impie et incestueuse [134]), réprouvée par la nature elle-même et la morale publique quand elle avait lieu en ligne directe, et par le droit civil en ligne collatérale [135]). Un inceste de la première espèce était frappé d'une peine applicable aux deux coupables [136]); le second n'était réprimé qu'à l'encontre de l'homme, et on avait égard aux circonstances qui pouvaient l'excuser [137]). La peine était celle de la loi *Julia* contre l'adultère [138]), c'est-à-dire la relégation dans une île. Mais sous Dioclétien, on fut obligé de rappeler d'une manière expresse le souvenir des prohibitions portées antérieurement [139]); les peines furent alors pour la plupart fort aggravées, puis adou-

---

129) Fr. 29. § 9. fr. 39. pr. D. h. t., fr. 3. § 4. D. ad l. Jul. de vi public. (48. 6).

130) Collat. leg. Mos. V. 2., Paul, Sent. rec. II. 26. § 12., § 4. Inst. de public. judic. (4. 18).

131) Fr. 11. § 12. D. h. t.

132) Fr. 1. 13. § 4. D. de his qui not. (3. 2), c. 2. C. de incest. nupt. (5. 4).

133) C. 18. C. h. t.

134) Gaius, 1. 59. 64., fr. 39. § 1. D. de rit. nupt. (23. 2).

135) Fr. 68. D. de rit. nupt. (23. 2), fr. 5. § 1. D. de cond. sine caus. (12. 7).

136) Fr. 38. pr. § 1. 2. 4. D. h. t., Paul, Sent. rec. II. 26. § 15., Collat. leg. Mos. VI. 3.

137) Fr. 38. § 3. 4. 7. D. h. t., fr. 68. D. de rit. nupt. (23. 2), Collat. leg. Mos. VI. 5.

138) Paul, in Collat. leg. Mos. VI. 3.

139) Collat. leg. Mos. VI. 4.

cies, enfin de nouveau rendues plus sévères par Justinien [140]).
Les mêmes principes firent proscrire le concubinat entre
proches parents [141]); comme en cas d'adultère ou de *stuprum*
commis par ces mêmes personnes, il y avait concours de
délits, l'homme était frappé d'une peine plus sévère c'est-à-
dire de la déportation [142]), et la femme encourait pour le
moins les peines de la loi *Julia* [143]). Il ne pouvait y avoir
d'inceste entre les esclaves, mais après leur affranchissement,
ils étaient mis en jugement selon les principes ordinaires
suivant le degré de parenté qui les unissait pendant leur
servitude [144]). Les rapports criminels avec une vestale étaient
considérés comme incestueux, et on punissait de mort les
deux coupables [145]).

812. Le même supplice était infligé d'après la loi des Douze
Tables à l'auteur d'un faux témoignage [146]). Il parut une loi
Cornelia de Sylla contre la falsification des testaments et de la
monnaie [147]). Une série de sénatus-consultes [148]) et de constitutions impériales étendirent les dispositions de la loi *Cornelia* à d'autres faits, à celui par exemple de rendre ou de
susciter de faux témoignages, et en général à toute espèce de

---

140) C. 1. 3. C. Th. de incest. nupt. (3. 12), c. 4. 6. C. J. de incest.
nupt. (5. 4), nov. 12. pr. c. 1.
141) Fr. 56. D. de rit. nupt. (23. 2), fr. 11. § 1. D. h. t., fr. 1.
§ 3. D. de concub. (25. 7).
142) Fr. 5. D. de quæstion. (48. 18), Paul, Sent. rec. V. 26. § 15.
143) Fr. 38. pr. § 4. D. h. t., Paul, Sent. rec. V. 26. § 15.
144) Fr. 8. 14. § 2. 3. fr. 56. D. de rit. nupt. (23. 2).
145) Tite-Live, IV. 44. VIII. 15. XXII. 57., Cicéron, de leg. II. 9.,
Suétone, Domit. 8., Pline, Lettres. IV. 12., Symmaque, Lettres. IX. 128.
129. Une rogation de S. Peducäus se rapportait à un cas semblable. Ascon.
in Milon. 12, pag. 46. Orell., Cicéron, de nat. deor. III. 30. C'est sur
des exemples pareils que les écrivains modernes se sont fondés pour
supposer une loi Peducæa *de incestu* ayant une application générale.
146) Aulu-Gelle XX. 1.
147) Cicéron, in Verr. II. 1, 42., Paul, Sent. rec. IV. 7. § 1., fr. 9.
pr. § 1. 2. D. ad l. Cornel. de fals. (48. 10).
148) Collat. leg. Mos. VIII. 7. On en trouve l'énumération détaillée
dans Rudorff. I. § 51.

falsifications directes ou indirectes [149], notamment à la supposition de part [150]) et à l'usage de faux poids et mesures [151]).
Un édit de Claude fit tomber sous le coup de la loi *Cornelia*
[152]) l'inscription de quelqu'un à son profit dans le testament
d'un autre *(adscriptio)*, fait que le sénatus-consulte Libonien
ne punissait que de la nullité de la disposition [153]); cette
prescription de l'empereur fit naître un grand nombre de
difficultés et de décisions particulières [154]). La peine était
d'ordinaire la déportation avec publication du patrimoine, et
le dernier supplice quand il s'agissait d'esclaves ou de gens
de basse condition [155]). La falsification des monnaies était
punie avec une rigueur particulière [156]). La loi *Visellia* permettait de poursuivre criminellement l'usurpation des droits
des ingénus commise par des Latins [157]); enfin, celui qui
s'était parjuré en prenant à témoin le génie du prince
était passible d'un châtiment public; on laissait aux Dieux
la vengeance des parjures commis en leur nom [158]). Arca-
dius voulut cependant qu'on punit en les frappant d'infamie

---

149) Paul, Sent. rec. V. 25., Collat. leg. Mos. VIII. 2. 3. 5., fr. 1.
pr. § 1—12. fr. 2. 9. § 3. 4. fr. 13. 16. 20. 21. 23. 25. 27. 28. 30. 33.
D. h. t. (48. 10).

150) Fr. 19. § 1. D. h. t., c. 1. 10. C. h. t.

151) Fr. 32. § 1. D. h. t., fr. 6. § 1. 2. D. de extr. crim. (47. 11).

152) Fr. 15. pr. D. h. t., c. 3. C. de his qui sibi (9. 23).

153) Voir § 683.

154) Fr. 5. 6. 10. 11. 14. 15. § 1—6. D. h. t.

155) Fr. 1. § 13. fr. 33. D. h. t., fr. 38. § 7. 8. 9. D. de pœn.
(48. 19), Collat. leg. Mos. VIII. 3. 5., Paul, Sent. rec. IV. 7. § 1.
V. 25., § 7. Inst. de publ. judic. (4. 18).

156) Fr. 8. 19. pr. D. h. t., c. 1. 2. 5. 9. C. Th. de fals. monet.
(9. 21), c. 1. 2. C. J. de fals. monet. (9. 24).

157) C. un. C. de l. Visell. (9. 21), c. un. C. quando civil. (9. 31).
Voir plus haut à propos de la date de cette loi la réfutation de l'opinion
erronée de Mommsen. § 353. Note 25. § 438. Note 8. Rudorff qui
d'abord était dans le vrai, 1. § 26. 38., a suivi plus tard l'avis de
Mommsen. II. § 116.

158) Fr. 13. § 6. D. de jurejur. (12. 2), c. 2. C. de reb. cred. (4. 1).

les atteintes portées aux conventions contractées sous l'invocation de Dieu [159]).

813. Le *plagium* commis à l'encontre des hommes libres et des esclaves était frappé par la loi *Fabia* d'une amende considérable [160]) ; plus tard il fut puni *extra ordinem* d'une peine rigoureuse et même du dernier supplice [161]). Le péculat, ou le vol des biens de l'Etat était originairement jugé suivant les circonstances par le Sénat et le peuple [162]). Plus tard il le fut par une commission permanente [163]), et tomba par conséquent sous les prévisions d'une disposition législative spéciale. La dernière rendue sur cette matière fut une loi *Julia* [164]) ; la peine était la déportation, et même la mort quand le coupable était un fonctionnaire public [165]) ; dans certains cas cependant, le *plagium* n'était puni que d'une indemnité du quadruple [166]). La loi comprenait aussi dans ses prescriptions le *sacrilegium* ou le vol des choses consacrées [167]), qui plus tard fut frappé de peines extraordinaires pouvant s'élever jusqu'à la mort [108]). Le seul fait de retenir des deniers publics que l'on avait perçus était frappé par la loi *Julia de residuis*, d'une amende du tiers de la somme due [169]). La loi *Julia de annona* en pro-

---

159) C. 41. C. J. de transact. (2. 4). Voir sur ce point Godefroy, ad c. 8. C. Th. de pact. (2. 9).

160) Cicéron, pro Rabir. 3., fr. 6. § 2. D. ad l. Fab. de plagiar. (48. 15), Collat. leg. Mos. XIV. 3.

161) Fr. 1. 7. D. h. t., fr. 4. § 2. D. ad l. Jul. pecul. (48. 13), Collat. leg. Mos. XIV. 2. 3., c. 7. 16. C. h. t. (9, 20), c. un. C. Th. h. t. (9. 18), § 10. Inst. de publ. jud. (4. 18).

162) Tite-Live, V. 32. XXXVII. 57. XXXVIII. 54.

163) Cicéron, pro Cluent. 53., pro Múrena 20.

164) Fr. 1. 4. § 7. fr. 6. § 1. 2. fr. 8. 9. § 3—6. fr. 10. 11. pr. D. ad l. Jul. pecul. (48. 13).

165) Fr. 3. D. h. t., c. 1. C. Th. de crim. pecul. (9. 28), c. 1. C. J. de crim. pecul. (9. 28), § 9. Inst. de publ. judic. (4. 18).

166) Fr. 6. § 2. fr. 13. D. h. t., Paul, Sent. rec. V. 27.

167) Fr. 4. pr. § 1. fr. 9. § 1. D. h. t.

168) Fr. 4. § 2. fr. 6. pr. fr. 9. pr. D. h. t., Paul, Sent. rec. V. 19.

169) Fr. 2. 4. § 3. 4. 5. D. ad l. Jul. pecul. (48. 13).

nonçait une de vingt pièces d'or contre ceux qui employaient des manœuvres pour faire hausser le prix des céréales [170]); Les *Dardanarii* ou spéculateurs sur les blés étaient aussi l'objet de répressions extraordinaires [171]). Enfin, l'usure était punie au temps des Douze Tables d'une peine pécuniaire du quadruple [172]). Plusieurs dispositions législatives parurent sur ce point [173]); la loi *Marcia* entre autres, appliquait dans ce cas la *legis actio per manus injectionem* [174]). Ce délit fut également poursuivi d'office par les édiles [175]); Dioclétien prononça l'infamie contre ses auteurs [176]); cette pénalité fut maintenue par Justinien qui n'avait point admis la constitution par laquelle Théodose avait renouvelé pour ce cas la peine du quadruple, tombée en désuétude [177]).

814. Les provinciaux n'avaient dans l'origine qu'un recours au Sénat pour se garantir de la corruption et des concussions des magistrats [178]); cette assemblée nommait alors une commission prise dans son sein, et la chargeait de la formation et de la fixation de l'indemnité [179]). La première loi rendue à ce sujet fut la loi *Calpurnia* de L. Piso Frugi (605) qui établit une commission permanente et renouvelable chaque année au sein du Sénat, pour juger à la place du peuple [180]). On ne peut soutenir en s'appuyant sur des fondements certains, que cette

170) Fr. 2. D. de l. Jul. de annona (48. 12).
171) Fr. 6. D. de extr. crim. (47. 11), fr. 37. de pœn. (48. 19).
172) Caton, de re rust. præf., (Ascon.) in divin. 7. p. III. Orell.
173) Tite-Live, XXXV. 7.
174) Gaius, IV. 23.
175) Tite-Live, VII. 28. X. 23. XXXV. 41.
176) C. 20. C. ex quibus. caus. infam. (2. 12).
177) C. 2. C. Th. de usur. (2. 33).
178) Les auteurs qui ont traité ce sujet le plus récemment sont: Rudorff, in Savigny Zeitschr. XII. 136—148., Rein, Criminalrecht, pages 604—672., C. T. Zumpt, De legibus judiciisque repetundarum in republica Romana commentationes duæ. Berolini 1845. 4. Commentatio tertia. Berol. 1847. 4.
179) Tite-Live, XLIII. 2.
180) Cicéron, in Verr. III. 84. IV. 25., Brut. 27. de off. II. 21.

loi n'ait autorisé que les pérégrins à former l'accusation. Vint ensuite la loi *Junia* [181]); les deux lois établirent la *legis actio sacramento* [182]) pour la demande en restitution; quelle en était la procédure et le but; s'appliquait-elle aux citoyens seulement ou également aux pérégrins; c'est ce que l'on ne saurait dire avec certitude [183]). Mentionnons encore une loi *Acilia* dont on ne connaît qu'une seule disposition relative à la procédure [184]); puis, entre les années 648 et 654, la loi du tribun C. Servilius Glaucia [185]), qui changea la procédure

---

181) La seule mention qui en soit faite se trouve dans les Fragm. de la loi Servil. c. 8. 22.

182) Fragm. 1. Servil. c. 8.

183) Les écrivains modernes émettent leurs opinions avec beaucoup trop d'assurance sur ce point.

184) Cicéron, in Verr. I. 17. II. 1. 9. ibiq. (Ascon) p. 149. 165. Orell. D'autres auteurs font passer la loi *Servilia* avant la loi *Acilia*; de ce nombre sont Klenze, Göttling, Rein. Mais l'opinion contraire a pour elle des raisons convaincantes. Voir Orelli, Index legum v. Acilia. Geib. Röm. Criminalproc. page 373., Zumpt. p. 18., Rudorff. 1. § 31, note 4. Klenze se trompe également, et beaucoup d'autres avec lui, quand à propos des Tables de Bantium (Bruns fontes p. 47) ils considèrent la loi romaine comme un fragment de cette loi *Acilia*, dont le contenu ne s'accorde pas avec cette opinion. Voir Göttling, Urkunden. page 44., Rein, Privatrecht. page 12.

185) Cette loi a été restituée par Klenze d'après des fragments de tables d'airain. Fragmenta legis Serviliæ repetundarum. Berol 1825. 4. On en trouve dans Göttling une nouvelle comparaison avec l'original. Urkunden. Page 40—43., Bruns, Fontes, p. 35. Mais de nos jours Zumpt ne considère point ces fragments comme ayant fait partie de la loi *Servilia*, mais bien de la loi *Acilia*. Néanmoins, la raison principale qu'il en donne, à savoir que la loi *Servilia* n'admettait point d'*ampliatio*, et qu'il s'en trouve cependant une dans ces fragments ne nous paraît pas résulter avec évidence de ces derniers documents. Zumpt cherche à repousser l'objection tirée de ce que d'autres textes contiennent des citations de la loi *Servilia* également renfermées dans les fragments, en adoptant l'opinion que ces dispositions se rencontrent aussi dans la loi *Acilia*. Huschke embrasse le même avis. Gaius, pag. 4. Rudorff en émet un troisième 1. § 31. 81. Selon cet auteur, ces fragments n'appartiendraient ni à la loi *Acilia* ni à la loi *Servilia*, mais à une troisième restée inconnue. Les raisons qu'il donne ne sont pas convaincantes.

établie par la loi *Acilia*, mais laissa subsister l'accusation formée en vertu de la loi *Calpurnia* et de la loi *Junia* [186]). Cette loi *Servilia* transporta aussi, paraîtrait-il, à l'un des quatre préteurs que désignait le sort, la présidence de la commission permanente, laquelle avait jusqu'alors appartenu au préteur chargé de la juridiction sur les pérégrins [187]). Parut ensuite la loi *Cornelia* de Sylla [188]), et la loi si détaillée dite *Julia* de César [189]), dont les dispositions demeurèrent fondamentales jusqu'aux temps les plus reculés [190]). Le tribunal n'avait à se prononcer en premier lieu que sur la culpabilité de l'accusé; les mêmes juges procédaient ensuite à la *litis œstimatio* qui selon les cas pouvait toucher au *caput*, ou avoir pour résultat l'exil [191]), mais qui habituellement ne tendait qu'à une indemnité [192]), d'abord au simple, puis au double d'après la loi *Servilia* [193]), enfin au quadruple selon la loi *Cornelia* [194]); la loi *Julia* y joignit cependant des peines infamantes [195]). Plus tard ces délits furent punis *extra ordinem*, et habituellement de l'exil [196]). L'accusation pouvait s'intenter même après la mort du prévenu, comme dans les cas de lèse-majesté [197]);

186) Frag. 1. Servil. c. 22.

187) Fragm. 1. Servil. c. 6. 7.

188) Cicéron, pro Rabir. Post. 4. C'est sous l'empire de cette loi qu'eut lieu le procès contre Verrès. Voir là dessus, Zumpt. pages 42—50.

189) Cicéron, pro Sext. 64., pro Rabir. Post. 4. 5. Il faut rapporter au même sujet, ad famil. VIII 8., pro Flacco 6., in Vatin. 12. ibiq. Schol. Bob. p. 321 Orell. Le Fragment relaté dans Haubold, Monum. p. 140, appartient peut-être aussi à cette loi.

190) D. XLVIII. 11., C. Th. IX. 27. C. J. IX. 27.

191) Cicéron, pro Cluent. 41., in Verr. 1. 13. ibiq. (Ascon.), p. 146. 147. Orell., pro Balbo 11. Vell. Pat. II. 8.

192) Fragm. 1. Servil. c. 18. 19., (Ascon.) in Verr. 1. 13. p. 147. Orell., Cicéron, pro Rabir. Post. 4., ad famil. VIII. 8. Tacite, Ann. 1. 74.

193) Fragm. 1. Servil. c. 18.

194) (Ascon.) in Verr. 1. 13. p. 147 Orell.

195) Suétone, César 43., Tacite, Hist. 1. 77., fr. 6. § 1. D. h. t.

196) Fr. 7. § 3. D. h. t., Tacite, Ann. XIV. 28.

197) Pline, Lettres. III. 9., fr. 20. D. de accus. (48. 2), fr. 2. D. h. t.

elle pouvait aussi être dirigée contre les tiers quand l'instruction sur la *litis æstimatio* prouvait que des valeurs extorquées
leur étaient parvenues [198]. A cette même classe de délits
appartenait aussi le crime d'un juge qui s'était laissé corrompre [199], fait que la loi des Douze Tables avait puni de
mort [200].

815. On recourut de bonne heure à des lois [201] et à des
pénalités rigoureuses [202] pour réprimer l'*ambitus*, c'est-à-dire
l'emploi de moyens illicites pour obtenir les charges publiques.
Une loi *Cornelia*, vraisemblablement du consul Cn. Cornelius
Dolabella (595), punit ce crime en déclarant son auteur incapable
d'exercer aucune magistrature pendant dix ans [203]. Dans la
première moitié du septième siècle, on établit aussi à ce sujet
une *quæstio* permanente [204]. En l'année 687, et non sans de
grands efforts, le Sénat avait fait rendre la loi *Calpurnia* qui
prononçait une incapacité perpétuelle de faire partie de cette
assemblée ou d'exercer les fonctions de magistrat; cette même
loi y adjoignit en outre une peine pécuniaire [205] à laquelle la
loi *Tullia* de Cicéron (691) ajouta dix ans d'exil [206]. Vint

198) Cicéron, pro Rabir. Post. 4. 6., pro Cluent. 41., ad famil. VIII. 8.

199) Aulu-Gelle, XX. 1.

200) Cicéron, pro Cluent. 37., in Verr. 1. 13., fr. 3. 7. pr. D. h. t.,
fr. 38. § 10. D. de pœn. (48. 19), Paul, Sent. rec. V. 28.

201) Tite-Live, IV. 25. VII. 15. IX. 26. XL. 19. Il a paru sur ce
sujet un travail consciencieux intitulé : Rinkes Disputatio de crimine
ambitus et de sodaliciis apud Romanos tempore liberæ reipublicæ. Lug-
duni-Batavorum 1854.

202) Polyb. VI. 56. (54).

203) Tite-Live, Epit. 47. Schol. Bob. pro Sylla 5. p. 361. Orell. On
trouve dans la dernière partie la mention d'une loi *Cornelia* ainsi que
celle de la peine qu'elle prononçait. Rudorff attribue la loi à P. Cornelius Cethegus (573), Tite-Live, XL. 19. Rinkes l'attribue à Sylla.

204) Cicéron, Brut. 30.

205) Dion Cass. XXXVI. 21., Ascon. in Cornel. p. 68. Orell., Schol.
Bob. pro Sylla 5. p. 361. Orell., Cicéron, pro Murena 23.

206) Dion Cass. XXXVII. 29., Cicéron, pro Murena 3. 23. 32., in
Vatin. 15., Schol. Bob. pro Sylla 5. p. 362. pro Sext. 64. p. 309
Orell.

ensuite, en 693, la rogation du tribun Aufidius Lurco [207]), qui toutefois ne passa point, et la loi *Licinia de sodaliciis* qui établit en 699 une *quæstio* spéciale pour cette espèce d'*ambitus* [208]). Citons encore la loi *Pompeia* de 702 [209]), et enfin la loi *Julia* d'Auguste [210]). Des récompenses spéciales étaient assurées à l'accusateur qui triomphait dans sa demande ; il entrait dans la tribu du condamné quand il y trouvait avantage [211]), et si lui-même avait été antérieurement condamné pour le même délit, il était *restitué* contre les conséquences de la peine [212]). Sous les empereurs, alors que le prince distribuait lui-même les magistratures, la loi *Julia* conserva son application dans une sphère beaucoup plus restreinte pour les fonctions municipales [213]), cependant elle servit toujours de titre pour la répression de certaines irrégularités commises par les candidats dans la brigue des fonctions publiques [214]).

816. En traitant des délits ordinaires, nous avons déjà mentionné en partie les délits extraordinaires avec lesquels ils ont de l'analogie. Nous avons cependant à signaler encore les suivants :

Les voleurs de grands chemins et les bandits étaient punis très-cruellement et sur-le-champ, dans l'intérêt de la paix publique [215]); leurs recéleurs étaient traités de la même manière [216]). Les malfaiteurs évadés des prisons ou des lieux qui leur avaient été assignés, voyaient leur peine s'élever d'un

---

207) Cicéron à Att. I. 16. 18.

208) Voir § 257.

209) Ascon. in argum. Milon. p. 37. Orell., Dion Cassius. XL. 52.

210) Suétone, Octave, 34., Dion Cass. LIV. 16.

211) Cicéron, pro Balbo 25., Ascon. in Milon. 35. p. 54. Orell.

212) Cicéron, pro Cluent. 36., Dion Cass. XL. 52., fr. 1. § 2. D. de l. Julia ambit. (48. 14).

213) Fr. un. D. ad l. Jul. ambit. (48. 14), Paul, Sent. rec. V. 30 A.

214) C. Th. IX. 26., C. J. IX. 26.

215) Fr. 28. § 15. D. de pœn. (48. 19), nov. 134. c. 13.

216) Fr. 13. pr. D. de off. præs. (1. 18), Paul, Sent. rec. V. 3. § 4., D. XLVII. 16., C. Th., IX. 29., C. J. IX. 39.

degré, et par là pouvaient même être mis à mort [217]. Un grand nombre de sénatus-consultes, d'édits et de prescriptions impériales *(mandata)* [218], condamnèrent l'affiliation ou la participation à des associations non légalement autorisées, et assimilèrent ce délit aux crimes contre l'Etat [219].

On doit ranger au nombre des délits extraordinaires :

La *concussio* ou l'extorsion accompagnée de manœuvres tendant à faire croire à une autorité chimérique [220]; les infidélités commises par les avocats envers leurs clients, et aussi plus tard celles des accusateurs dans un procès criminel [221]; les dénonciations intéressées au fisc [222]; les détériorations volontaires causées aux conduits ou citernes publiques, et en Egypte aux digues du Nil [223]; l'avortement [224], le fait de faire boire un philtre à quelqu'un [225]. Il faut encore placer dans la même catégorie les jongleurs qui se livraient à des jeux défendus et jouaient avec des serpents [226]. Enfin, on pouvait poursuivre extraordinairement comme coupables de stellionnat tous ceux qui employaient dans un but intéressé des

---

217) Fr. 8. § 7. fr. 28. § 13. 14. D. de pœn. (48. 19), fr. 1. § 1. D. de effract. (47. 18).

218) Fr. 1. 3. D. de colleg. (47. 22), fr. 2. D. de extr. crim. (47. 11). Voy. § 256. 348.

219) Fr. 2. D. h. t., fr. 1. § I. ad l. Jul. majest. (48. 4).

220) Fr. 1. 2. D. de concuss. (47. 13).

221) Fr. 1. 2. 3. D. de prævar. (37. 15).

222) Paul, Sent. rec. V. 13. § 1. 2., fr. 2. pr. D. de jure fisci (49. 14), c. 1. 2. C. Th. de petit (10. 10), c. 2. 4. 5. C. de delat. (10. 11).

223) Fr. 1. § 1. fr. 10. D. de extr. crim. (47. 11), C. Th. IX. 32., C. J. IX. 38.

224) Fr. 4. D. de extr. crim. (47. 22), fr. 38. § 5. fr. 39. D. de pœn. (48. 19), fr. 8. D. ad l. Cornel. de sicar. (48. 8), nov. 22. c. 16. § 1.

225) Paul, Sent. rec. V. 23. § 14., fr. 38. § 5. D. de pœn. (48. 19), fr. 3. § 2. D. ad l. Cornel. de sicar. (48. 8).

226) Fr. 7. 11. D. de extr. crim. (47. 11).

manœuvres frauduleuses qui ne tombaient point sous une qualification spéciale de délits [227].

817. A côté des délits communs, il faut mentionner et distinguer les délits spéciaux des militaires [228]. C'étaient : la trahison et le passage à l'ennemi [229], la désertion ou l'éloignement du corps sans permission [230], l'abandon du poste par celui qui est de garde ou de piquet [231]; le fait de ceux qui prenaient la fuite et jetaient leurs armes pendant le combat [232], ou qui délaissaient un chef sans le défendre [233], l'excitation à la révolte [234], l'insoumission [235], et la résistance aux officiers; la vente des armes ou des effets d'équipement [236]; une blessure faite à un compagnon d'armes [237]; le vol d'armes ou celui qui est opéré dans les camps [238]; le fait de pénétrer dans le camp par-dessus les retranchements, ou d'en sauter les fossés [239]; la tentative de suicide [240]. Les peines étaient diverses, mais en général très-sévères.

818. En ce qui concerne les délits des esclaves, il faut convenir que l'arbitraire était grand jusqu'en 773, époque où

---

227) Fr. 2. 3. 4. D. stellionat. (47. 20).

228) Fr. 2. pr. fr. 6. pr. D. de re milit. (49. 16).

229) Tite-Live, XXX. 43., fr. 3. § 10. 11. 12. fr. 5. § 5—8. fr. 6. § 4. fr. 7. D. h. t., fr. 8. § 2. fr. 38. § 1. D. de pœn. (48. 19), fr. 3. § 6. D. ad l. Cornel. de sicar. (48. 8).

230) Fr. 3. pr. § 2. 3. 7. 8. 9. 16. fr. 4. § 13. 14. 15. fr. 5. pr. § 1—4. fr. 13. § 5. 6. fr. 14. pr. D. h. t. (49. 16).

231) Polybe, VI. 36. 37. (34. 35)., fr. 3. § 4. 5. 6. fr. 10. pr. D. h. t.

232) Denis d'Halic. IX. 50., Polybe, VI. 37. (35)., fr. 6. § 3. D. h. t.

233) Fr. 3. § 22. fr. 6 § 8. 9. D. h. t.

234) Fr. 3. § 20. 21. 22. fr. 16. § 1. D. h. t.

235) Fr. 3. § 13. fr. 6. § 1. 2. fr. 13. § 4. D. h. t.

236) Fr. 3. § 13. fr. 14. § 1. D. h. t.

237) Fr. 6. § 6. D. h. t.

238) Polybe, VI. 33. 35. (31. 33)., Aulu-Gelle, XVI. 4., fr. 3. § 14. D. h. t.

239) Fr. 3. § 17. 18. D. h. t.

240) Fr. 6. § 7. D. h. t., fr. 38. § 12. D. de pœn. (48. 19).

fut rendu un sénatus-consulte qui fit dominer dans cette
matière les principes du droit commun [241]), sauf toutefois
certaines prescriptions particulières. L'esclave pris en flagrant
délit de vol manifeste était, d'après la loi des Douze Tables
battu de verges et mis à mort; mais l'édit du préteur vint
également remplacer cette peine par l'indemnité ordinaire du
quadruple [242]). En outre, les esclaves furent, comme on va le
voir, rendus responsables de la mort de leur maître, à tel point
que lors du meurtre de leur patron, et d'après un sénatus-
consulte Silanien (763) fortifié de plusieurs dispositions tirées
de la loi *Cornelia de sicariis* [243]), on mettait à mort en même
temps, pour ne l'avoir point défendu, tous ceux qui s'étaient
trouvés sous le même toit que le maître, non sans les avoir
mis à la torture pour leur arracher des aveux sur l'auteur et
les instigateurs du crime [244]). On ne pouvait, sous peine de
voir l'hérédité passer à l'État, ni ouvrir le testament laissé
par le défunt, ni faire adition d'hérédité avant que cette loi
n'eût été exécutée [245]). Ces prescriptions furent encore com-
plétées peu de temps après par un sénatus-consulte de l'an
764 [246]), et un sénatus-consulte Néronien, Claudien ou Piso-
nien [247]), enfin par le préteur qui pour prévenir l'ouverture
anticipée du testament, attachait à ce fait une action criminelle
tendant à une peine pécuniaire [248]).

---

241) Fr. 12. § 3. 4. D. de accus. (48. 2), fr. 20. D. de obl. (44. 7),
fr. 4. § 2. D. ad l. Cornel. de sicar. (48. 8).

242) Aulu-Gelle, XI. 18., Gaius, III. 189.

243) Fr. 25. pr. § 1. D. h. t.

244) Fr. 1. pr. § 7. 8. 9. 18—21. 25—28. fr. 6. pr. fr. 14. 17. 19.
D. ad SC. Silan. (29. 5), Paul, Sent. rec. III. 5. § 3. 6. 7. 8. 11.
12. Tacite, Ann. XIV. 42.

245) Fr. 3. § 29. fr. 5. § 2. D. h. t.

246) Fr. 13. D. h. t.

247) Paul, Sent. rec. III. 5. § 5.. pr. 8. pr. D. h. t.

248) Fr. 25. § 2. D. h. t., Paul, Sent. rec. III. 5. § 10.

Chapitre Quatrième.

Des Peines.

---

819. Les peines prescrites par les anciennes lois étaient au
nombre de huit. L'amende, la prison, le bâton, la peine du
talion, la perte de l'honneur, l'exil, l'esclavage et la mort [1].
Sous les empereurs, on en adjoignit d'autres espèces qui
donnèrent lieu à plusieurs classifications. Il faut en premier
lieu distinguer les peines qui frappent le patrimoine ou les
amendes, des peines proprement dites. La différence consiste
en ce que les dernières ont pour conséquence une atteinte à
l'honneur tandis que les autres le laissent intact [2]. On dis-
tingue ensuite parmi les peines proprement dites, les peines
capitales qui font perdre au coupable la vie, la liberté, ou le
droit de cité [3], de celles qui n'entraînent pas ces conséquences [4]. On peut enfin classer les peines d'après leur sévérité en distinguant les plus fortes de celles qui le sont moins,
et des plus légères [5].

Il y avait jadis une grande différence entre les citoyens
romains et les autres sujets relativement à l'application de
ces pénalités [6]. Plus tard cette distinction fut en quelque
sorte remplacée par celle qu'on établit entre les gens d'une
condition commune et ceux d'un rang plus élevé [7], notam-

---

1) Cicéron cité par S. Augustin. De civit. Dei. XXI. 11.
2) Fr. 131. D. de verb. sign. (50. 16), c. 1. C. de modo mult. (1. 54).
3) Fr. 103. D. de verb. sign. (50. 16), fr. 2. pr. D. h. t. (48. 19).
4) Fr. 2. D. de publ. judic. (48. 1), fr. 28. pr. § 1. D. h. t.
5) Paul, Sent. rec. V. 17. § 3.
6) Voy. § 104. 352.
7) Fr. 28. § 2. 5. fr. 38. § 3. 5. 7. D. h. t., c. 1. C. Th. de falsa
moneta (9. 21), c. 75. C. Th. de decur. (12. 1).

ment les décurions [8]) dont les priviléges étaient au reste partagés par les vétérans [9]). Dès les temps les plus reculés, les esclaves furent punis avec une plus grande rigueur; plus tard cependant, ils furent en général assimilés aux gens de basse condition [10]); toutefois certaines peines ne leur furent naturellement jamais applicables, par exemple les adjudications pécuniaires et la relégation [11]). L'esclave qui avait obtenu la liberté sous condition était d'abord considéré comme esclave sous le rapport de la peine [12]); plus tard il fut traité comme homme libre [13]).

820. Les peines pécuniaires étaient de deux sortes : mentionnons d'abord les amendes *(mulctæ)* qui étaient prononcées par les magistrats en vertu de leur juridiction et de *l'imperium* qui leur appartenaient. Le maximum en avait été fixé à deux brebis et cinq bœufs par la loi *Valeria*, (l'an de Rome 245); il fut étendu par la loi *Aternia* à deux brebis et trente bœufs [11]). Quant à la mesure de la peine prononcée contre ceux qui lui résistaient, le magistrat procédait de manière à commencer par une seule tête de bétail, en augmentant toujours d'une unité [15]). L'usage d'exiger les amendes en nature persista

8) Fr. 9. § 11—15. fr. 15. 28. § 5. D. h. t., fr. 6. § 2. D. de interd. (48. 22).

9) **Fr. 1. 3.** D. de veteran. (49. 18), c. 5. C. de pœn. (9. 47).

10) **Fr. 10.** pr. fr. 16. § 3. fr. 28. § 16. D. h. t.

11) **Fr. 12.** § 4. D. de accus. (48. 2), fr. 5. D. si ex noxal. (2. 9).

12) Fr. 29. pr. D. de statulib. (40. 7).

13) **Fr. 9.** § 16. D. h. t., fr. 14. D. de quæst. (48. 18).

14) **Voy.** § 40. note 6. § 47. note 47.

15) Pline, Hist. nat. XVIII. 3., Aulu-Gelle. XI. 1., Varron, de ling. lat. V. 177. Schwegler explique ces passages de la même manière. Mommsen pense au contraire que deux moutons constituaient la *suprema mulcta* pour le petit cultivateur, trente bœufs pour le riche possesseur de troupeaux. Lange établit cette proportion de la manière suivante : deux moutons pour le maximum des petits délits, trente bœufs pour les plus graves. Eisenlohr rejette avec raison cette interprétation. *Provocatio.* pag. 87—90; mais l'auteur pense que le magistrat n'était point astreint à monter graduellement échelon par échelon, mais qu'il aurait pu prononcer dès l'abord une peine élevée.

longtemps [16]); mais le payement s'effectua en argent à partir de la loi *Papiria* (an 324 de Rome); on estima alors une brebis 10 as, et un bœuf 100 as [17]). Sous les empereurs, la proportion fut naturellement différente [18]). Les autres peines pécuniaires furent les amendes considérables que prononçait le peuple sur la proposition d'un magistrat ; leur quotité était déterminée par une loi [19]), ou laissée à l'arbitraire de celui qui faisait la *rogatio* au peuple ; il était cependant d'usage en pareil cas de ne pas pousser la condamnation à une somme excédant la moitié du patrimoine [20]). Au reste, les tribunaux criminels ordinaires prononçaient aussi des adjudications pécuniaires qui étaient alors de véritables peines [21]). Pour les indigents, l'amende était remplacée par la prison [22]); on leur infligeait même des châtiments corporels [23]). Il en était notamment ainsi des esclaves [24]).

821. Parmi les peines capitales, il faut mettre au premier rang la mort dont l'application aux citoyens fut cependant très-restreinte sous la République par les lois *Porciæ*. La forme la plus ancienne de cette peine était le supplice de la *furca*, morceau de bois fourchu dans lequel on plaçait le cou

---

16) Varron, de re rust. II. 1. 9., Aulu-Gelle, XI. 1.

17) Tite-Live, IV. 30., Cicéron, de republ. II. 35., Aulu-Gelle, XI. 1., Festus v. *æstimata*, *multam*, *ovibus*, *peculatus*. La dernière partie renferme des contradictions et des erreurs.

18) Voy. § 401. note 6.

19) Fr. 244. D. de verb. signif. (50. 16). On trouve des exemples d'amendes prononcées par des lois dans les textes suivants : Fragments de la loi (Acilia repetund.) ligne 7., Fragments d'un ancien plébiscite, ligne 5. Haubold, Monum. p. 75. 83.

20) Caton (dans Aulu-Gelle) VII. 3., Lex Silia apud Fest. v. publica pondera (il faut lire dans ce passage *minore parti familias*), Fragm. 1. Acil. repetund.) ligne 10.

21) Fr. 2. D. de publ. judic. 48. 1), § 2. Inst. de publ. judic. (4. 18).

22) Denis d'Halic. Fragment XIII. 5., Plutarque. Caton l'ancien. 15.

23) Fr. 1. § 3. D. h. t., fr. 7. § 3. D. de jurisd. (2. 1).

24) Fr. 5. D. si ex noxal. (2. 9), fr. 3. § 1. D. de termin. (47. 21).

du condamné qui était ensuite fouetté jusqu'à la mort [25]). On employait aussi la décapitation originairement par la hache, [26]) puis sous les empereurs par le glaive, genre de supplice considéré comme le moins cruel [27]). Il faut citer encore : la précipitation du haut d'un rocher [28]), et la strangulation dans la prison [29]), toutes deux défendues plus tard [30]), le bûcher [31]); la croix [32]), supplice interdit par Constantin [33]) et remplacé par le gibet appelé *furca* dans le nouveau droit [34]). On n'enterrait vivant que les vestales qui avaient enfreint leur vœu de virginité [35]). Il répugnait du reste vivement aux mœurs publiques de livrer au bourreau une femme encore vierge; on y arriva plus tard en employant un exécrable détour [36]). L'empereur seul pouvait donner au coupable le choix de son supplice [37]). On assimilait, suivant les cas, à la peine de mort la condamnation aux jeux des gladiateurs [38]), peine qui disparut sous Constantin en même temps qu'eux [39]), et la *damnatio ad bestias* [40]). Ce dernier supplice n'était pourtant point

25) Suétone, Néron 49., Tite-Live, III. 55., Tacite, Ann. Il. 32. XVI. 11.

26) Denis d'Halic. II. 29., Tite-Live, II. 5. X. 1. 9.

27) Fr. 8. § 1. D. h. t., Lactance, de mort. persec. 22.

28) Aulu-Gelle, XX. 1., Tite-Live, VI. 20., Dion Cass. LX. 18.

29) Salluste, Catil. 55., Valère Max. V. 4. 7., Tacite, Ann. VI. 39.

30) Fr. 8. § 1. fr. 25. D. h. t.

31) Diodore. XII. 26., Amm. Marc. XXVIII. 1. 28. 29., fr. 8. § 2. fr. 28. pr. § 11. 12. D. h. t.

32) Denis d'Halic. V. 51., Tite-Live, XXX. 43., Paul, Sent. rec. V. 17. § 3. V. 21. § 4. V. 22. § 1.

33) Aurel. Victor, de Cæsar. 41., Sozomène, Hist. eccl. 1. 8.

34) Fr. 28. pr. § 15. fr. 38. § 2. D. h. t.

35) Denis d'Halic. Il. 67., Plutarque, Numa, 10., Tite-Live, VIII, 15.

36) Suétone, Tibère. 61., Dion Cassius, LVIII. 11., Tacite, Ann. V. 9.

37) Tacite, Ann. XV. 61., Suétone, Domit. 8. 11., fr. 8. § 1. D. h. t.

38) Ulpien, (in Collat. leg. Mos.) XI. 7. Paul, Sent. rec. V. 17. § 3., c. 1. C. Th. ad l. Fab. (9. 19).

39) C. 1. C. Th. de gladiat. (15. 12), c. 1. C. J. de gladiat. (11. 43).

40) Fr. 1. pr. D. h. t.

appliqué aux citoyens romains [41]), et ne le fut généralement dans la suite qu'aux gens de basse condition [42]). Celui qui échappait aux bêtes était achevé dans le *Spoliarium* [43]).

822. Une autre peine capitale était la réduction en esclavage. Elle était rarement prononcée dans l'ancien droit [44]); plus tard, parut la condamnation aux mines sous une forme double mais dont l'une différait peu de l'autre au point de vue du droit; on distinguait en effet les condamnés employés à l'exploitation même de la mine *(in metallum)*, de ceux que l'on assujettissait à des travaux qui y avaient rapport *(in opus metalli)*; les uns et les autres étaient au besoin envoyés dans une province étrangère [45]). Cette peine était d'ordinaire perpétuelle [46]), mais on ne la prononçait guère que contre les esclaves ou les gens de basse classe [47]); les femmes n'étaient généralement employées que comme aides-mineurs *(in ministerium metallicorum* [48]). Il faut encore rapporter à cette catégorie la condamnation aux jeux soit du combat soit de la chasse [49]). Les condamnés aux jeux ou aux mines étaient aussi marqués à la face avec un fer brûlant, mais Constantin modéra cette peine [50]). Tous ces châtiments privatifs de la vie ou de la liberté entraînaient la servitude à partir de la sentence; les condamnés devenaient esclaves non de l'empereur, mais de la peine elle-même [51]). Un esclave frappé d'une de ces manières

---

41) Actes de St Pothin et des martyrs lyonnais. 11. 12.

42) Paul, Sent. rec. V. 23. § 1. 15. 16. 17., fr. 3. § 5. D. ad l. Cornel. de sicar. (48. 8), fr. 1. 3. D. de veteran. (49. 18).

43) Sénèque, Lettres. 93. i. f., Actes de Ste Perpétue. 21.

44) Voy. § 476. 509.

45) Fr. 8. § 4. 5. 6. fr. 28. pr. D. h. t., fr. 5. § 3. D. de extr. cogn. (50. 13).

46) Fr. 28. § 6. fr. 22. 23. D. h. t.

47) Fr. 8. § 12. fr. 28. § 5. D. h. t., fr. 3. D. de veteran. (49. 18).

48) Fr. 8. § 8. fr. 36. D. h. t., c. 9. C. h. t. (9. 47).

49) Ulpien, (in Coll. leg. Mos.) XI. 7., fr. 8. § 11. 12. D. h. t.

50) C. 2. C. Th. h. t. (9. 40), c. 17. C. J. h. t. (9. 47).

51) Fr. 6. § 6. D. de injusto (28. 3), fr. 25. § 2. 3. D. de acq. vel. om. hered. (29. 2), fr. 8. § 11. fr. 12. fr. 17. pr. fr. 36. D. h. . Voy. § 476.

n'appartenait dès lors plus à son maître [52]). Ceux qui n'avaient été condamnés qu'aux jeux du cirque pouvaient recouvrer la liberté après un certain laps de temps [53]).

823. L'ancien droit ne connaissait point les peines capitales qui ne privaient le coupable que du droit de cité, en lui laissant la liberté [54]). On voyait il est vrai tous les jours des prévenus se condamner eux-mêmes à l'exil pour se soustraire à la honte d'une accusation ou d'une peine sévère [55]); mais cela ne les garantissait pas complétement d'une réclamation en extradition; d'un autre côté, le lieu vers lequel se dirigeaient ces exilés volontaires ne pouvait être indifférent à la sûreté de l'Etat. C'est pourquoi ce genre de bannissement était toujours suivi d'un plébiscite qui reconnaissait l'exil en le validant [56]), et avait en outre pour effet de rendre impossible le retour du banni auquel on interdisait un abri, ainsi que le feu et l'eau [57]). Les lois Porciennes et d'autres encore rendirent général le *jus exilandi* [58]); elles indiquaient en même temps les villes dans lesquelles les exilés auraient le droit de résider, et des traités leur assuraient ce qui était nécessaire à l'existence [59]). A côté de ces expatriations volontaires vinrent se placer, déjà du temps de la République, des décrets d'exil rendus par le peuple à titre de peine, avec interdiction du

---

52) Fr. 8. § 12. D. h. t.

53) Ulpien (in Coll. leg. Mos.) XI. 7. Voir en outre Godefroy ad c. un C. Th. ad l. Fab. (9. 18).

54) Cicéron, pro Cæcin. 34., Declam. pro domo 29.

55) Tite-Live, 1. 41. II. 35. III. 13. 58. V. 32., Cicéron, pro Cæcina 33. 34.

56) Tite-Live, XXVI. 3. D'autres passages du même auteur se rapportent également à ce sujet. V. 32. 46.

57) Tite-Live, XXV. 4. Jhering indique parfaitement la signification de l'*aquæ et ignis interdictio*. Geist des röm. Rechts. 1. 273.

58) Salluste, Catil. 51.

59) Polybe, VI. 14. (12), Tite-Live, XLIII. 2. Dès lors il pouvait arriver qu'un Etat ne pût pas recevoir des exilés romains, et à l'inverse, qu'un étranger n'eût pas dans Rome le *jus exulandi*. Cicéron, de orat. 1. 39.

feu et de l'eau [60]). Les empereurs y joignaient fréquemment
l'assignation de domicile dans une île désignée [61]). L'exil ou
l'interdiction de l'ancien droit, ainsi que la déportation furent
donc maintenues simultanément comme étant des pénalités à
peu près de la même nature [62]). La déportation était cependant d'un usage plus fréquent [63]); les deux peines entraînaient
la perte de la cité [64]), et par conséquent du droit de recueillir
ou de transmettre une succession [65]), car le déporté était
considéré comme mort au point de vue du droit civil [66]). Au
reste, la peine de la déportation ne pouvait être prononcée
que par les préfets du prétoire, par leurs remplaçants provi-
soires et le préfet de la ville; les gouverneurs de provinces
devaient prendre à cet égard les ordres de l'empereur [67]).

Une autre peine entraînant la perte de la cité était la condamnation aux travaux publics à perpétuité (in opus publicum)
[68]); elle n'était du reste prononcée ni contre les personnes
d'une condition élevée, ni contre les esclaves [69]).

824. Sous l'empire de l'ancien droit sacré, les peines capi-

---

60) Appien, De bell. civ. 1. 31., Declam. pro domo 31., Cicéron, pro
Murena. 23., Dion Cass. XXXVII. 29. XXXVIII. 17. 18.

61) Dion Cass. LVI. 27., Tacite, Ann. III. 38. 68. 69. IV. 13. 21.
30. VI. 30.

62) Fr. 8. § 1. 2. D. qui testam. (28. 1), fr. 1. § 2. D. de legat.
III. (32), c. 1. C. de repud. (5. 17).

63) Fr. 2. § 1. D. h. t., fr. 3. D. ad l. Jul. pecul. (48. 13). Ce sujet
a été traité par Fr. de Holtzendorf. Die Deportationsstrafe im römischen
Alterthum. Leipzig. 1859.

64) Fr. 1. § 2. 3. 4. D. de legat. III. (32), fr. 2. § 1. fr. 17. § 1.
D. h. t., fr. 5. § 3. D. de extr. cogn. (50. 13), Pline, Lettres. IV.
11., Gaius, 1. 90. 128.

65) Fr. 13. D. de bon. poss. (37. 1), fr. 7. § 5. D. de bon. damnat.
(48. 20), c. 2. C. de bon. praescript. (9. 49).

66) Fr. 1. § 8. D. de b. p. contra tab. (37. 4), fr. 4. § 2. D. de
bon. libert. (38. 2). Voy. Savigny, System. II. 71—73.

67) Fr. 1. § 4. D. de legat. III. (30), fr. 6. § 1. D. de interd.
(48. 22), fr. 2. § 1. D. de pœn. (48. 19).

68) Fr. 17. § 1. fr. 28. § 6. D. h. t., c. 1. C. h. t. (9. 47).

69) Fr. 3. D. de veteran. (49. 18), c. 3. C. h. t., fr. 34. pr. D. h. t.

tales étaient accompagnées de la confiscation des biens au profit de l'Etat. Déjà du temps de la République, l'exil entraînait ordinairement la *publication* du patrimoine [70]). Sous les empereurs, la confiscation était même attachée non-seulement à toutes les peines privatives de la vie ou de la liberté [71]), mais aussi à l'exil et à la déportation [72]) et vraisemblablement aux travaux forcés à perpétuité [73]). Cependant, quand le condamné avait des enfants, on leur laissait régulièrement la moitié du patrimoine de leur père [74]). Depuis Théodose II, les présidents des provinces durent consulter l'empereur au sujet de chaque confiscation [75]), et Justinien voulut que cette peine ne fût pas appliquée (le crime de lèse-majesté excepté) toutes les fois qu'il existait des descendants ou ascendants jusqu'au troisième degré [76]).

La dévolution des biens au fisc supposait toujours une condamnation irrévocable [77]); aussi, quand l'accusé décédait pendant le procès [78]), ou même, après la condamnation, mais pendant le délai d'appel, ses biens appartenaient aux héritiers [79]),

---

70) Denis d'Halic. VIII. 79., Tite-Live, III. 58. XXV. 4., Dion Cassius, XXXVIII. 17.

71) Dion Cass. LVIII. 16., fr. 1. pr. D. de bon. damnat. (48. 20).

72) Tacite, Ann. III. 23. 68. IV. 20. 21. XIII. 43., fr. 8. § 1. 2. D. qui testam. (28. 1), Herenn. Modestin. fragm. in Ulpiani fragm. ed Böcking 1845. p. 148), fr. 3. D. de interd. (48. 22), c. 6. C. de bon. proscript. (9. 49).

73) C. 1. C. h. t. (9. 47).

74) Fr. 7. pr. § 2. 3. 4. fr. 1. § 1. 2. 3. D. de bon. damnat. (48. 20), c. 10. C. de bon. proscript. (9. 49). On voit par les textes suivants que la législation n'est plus la même : c. 2. 4. 6. 8. 9. 10. 23. 24. C. Th. de bon. proscript. (9. 42).

75) C. un C. Th. ne sine jussu. (9. 40).

76) Nov. 17. c. 12., nov. 134. c. 13.

77) Fr. 2. D. de bon. damnat. (48. 20), fr. 2. § 1. D. de bon. cor. (48. 21), fr. 20. D. de accus. (48. 2).

78) Fr. 45. § 1. D. de jure fisci (49. 14), fr. 9. D. qui testam. (28. 1).

79) Fr. 13. § 2. D. qui testam. (28. 1), fr. 6. § 8. D. de injust. (28. 3).

lesquels étaient cependant tenus, dans ce dernier cas, de poursuivre l'appel jusqu'à la fin de l'instance [80]). Le condamné
ne pouvait point détourner la confiscation par le suicide [81]); et
les crimes de lèse-majesté ou de concussion pouvaient donner
lieu à des accusations et à la confiscation, même après la mort
de l'accusé [82]).

825. Les peines non capitales atteignaient soit le corps soit
la liberté, soit seulement l'honneur civique. A la première
catégorie appartenait la peine du talion tant qu'elle subsista [83]). A part cette dernière pénalité, les amputations ou
mutilations de membres étaient peu fréquentes même dans
le nouveau droit [84]), et Justinien les rendit plus rares encore [85]).

On employait aussi diverses espèces de châtiments corporels sous la République; on ne pouvait, il est vrai, battre de
verges un citoyen romain [86]), mais il n'était pas interdit de
lui infliger d'autres coups (verbera), comme le démontrent
plusieurs lois rendues sur cette matière [87]). Au temps de
l'Empire, les gens de basse condition pouvaient seuls être
battus de verges [88]); on employait le bâton contre les hommes
libres; la peine plus humiliante du fouet était réservée aux
esclaves [89]). Il faut mentionner de plus, la condamnation à
temps aux mines comme aide-mineur, ou la peine des

---

80) Fr. 1. pr. D. si pendente appell. (49. 13), c. 3. C. eod. (7. 66).
81) Fr. 3. D. de bon. cor. (48. 21), fr. 6. § 7. D. de injusto (28. 3).
Il en était autrement dans le principe, Dion Cass. LVIII. 15., Tacite,
Ann. VI. 29.
82) Fr. 11. D. ad l. Jul. majest. (48. 4), fr. 20. D. de accus. (48. 2).
83) Voy. § 797.
84) C. 1. C. de serv. fugit. (6. 1), nov. 17. c. 8. nov. 42. c. 1.
85) Nov. 134. c. 13.
86) Voy. § 40. 104.
87) Festus, v. pro scapulis. Cette distinction a échappé aux auteurs
les plus récents. K. G. Zumpt fait seul exception aujourd'hui. Freiheit
der römischen Bürger, pages 36—39.
88) Fr. 28. § 2. 5. D. h. t., fr. 1. 3. D. de veteran. (48. 19).
89) Fr. 6. § 2. fr. 7. 10. pr. fr. 28. § 2. 4. D. h. t.

travaux publics [90]. Les peines non capitales privatives de la
liberté étaient l'emprisonnement et la relégation.

La première s'exécutait soit en détenant purement et simplement le condamné, soit en le chargeant d'entraves [91].
L'emprisonnement pouvait durer pendant toute la vie du
condamné [92], cependant on défendit plus tard aux gouverneurs des provinces de prononcer une détention perpétuelle
contre les hommes libres [93]. Quant aux esclaves, ils pouvaient
être condamnés aux fers aussi bien à perpétuité qu'à temps,
à la condition d'être dans ce dernier cas rendus à leur
maître, après l'expiration de la peine [94].

La relégation consistait soit dans l'interdiction d'une rési-
dence déterminée, soit dans l'assignation d'un lieu désigné
pour domicile [95]; dans les deux cas, la peine pouvait être
perpétuelle ou temporaire [96]. La relégation était déjà connue
du temps de la République [97]; elle n'entraînait point la
perte des droits civiques [98] ni aucune diminution de patrimoine, à moins de dispositions spéciales à cet égard [99];
même dans ce cas, une confiscation des biens ne pouvait
atteindre que le condamné à la relégation perpétuelle [100],
peine qui en effet était fréquemment accompagnée de la privation d'au moins une partie du patrimoine [101]. C'est là ce

---

90) Fr. 28. § 1. D. h. t., fr. 5. § 2. D. de extr. cognit. (50. 13.
91) Fr. 9. D. ex quib. caus. major. (4. 6), fr. 1. § 4. D. de aleat.
(11. 5), fr. 216. 224. D. de verb. signif. (50. 16).
92) Valère Max. VI. 3, 3. IX. 15. 5., Cicéron, in Catil. IV. 4. 5.
93) Fr. 8. § 9. fr. 35. D. h. t., c. 6. C. h. t. (9. 47). Voy. une exception à cette disposition dans la loi 28. § 14. D. h. t.
94) Fr. 8. § 13. fr. 33. D. h. t, c. 6. 10. C. h. t. (9. 47).
95) Fr. 7. pr. § 1. 5—19. fr. 19. pr. D. de interdict. et releg. (48. 22.
96) Fr. 7. § 2. fr. 14. pr. D. de interd. (48. 22).
97) Tite-Live, XL. 41.
98) Fr. 4. 7. § 3. fr. 14. § 1. fr. 17. 18. pr. D. de interd. (48. 22).
99) Fr. 1. 4. 14. § 1. D. de interd. (48. 22), c. 8. C. de pœn.
(9. 47), c. 6. C. si reus. (9. 6).
100) Fr. 7. § 4. D. de interd. (48. 22).
101) Paul, Sent. rec. II. 26. § 14. V. 25. § 8. V. 26. § 3.

qui distinguait essentiellement la relégation de l'exil proprement dit [102]); cependant, plus tard, le mot exil fut employé
dans une acception plus étendue qui comprenait aussi la relégation [103]). La forme la plus douce de cette peine consistait à
garder les arrêts à la maison [104]).

826. La plus sévère des peines qui atteignaient le condamné dans son honneur, était celle en vertu de laquelle il
était déclaré légalement *improbus et intestabilis* [105]), et dès lors
incapable de presque toutes les relations juridiques [106]). L'infamie avait quelque chose de moins sévère [107]); elle atteignait
cependant une portion du *caput* [108]) en excluant le coupable
de la tribu [109]), des comices, des magistratures [110]) et autres
charges civiques importantes [111]); aussi l'infamie ne pouvait
être encourue que par les hommes. Il n'en fut plus ainsi

---

102) Fr. 2. D. de publ. judic. (48. 1), Ovide, Trist. II. v. 137. V.
11. v. 15—21.

103) Fr. 4. 5. D. de interd. (48. 22 , fr. 4. pr. D. Si quis caution.
(2. 13), Paul, Sent. rec. V. 17. § 3. A l'inverse, on employait fréquemment la *relegatio* à la place de l'exil proprement dit, fr. 12. § 4.
D. de accus. (48. 2).

104) Fr. 9. D. de interd. (48. 22 .

105) *Improbus intestabilisque*, Aulu-Gelle, VI. 7. XV. 13., § 6. Inst.
de testam. (2. 10). Au temps où le droit sacré était en vigueur, il pouvait arriver souvent qu'un individu fût déclaré à la fois *improbus*, et
sacer. Denis d'Halic. V. 70., Festus. v. sacer. Tite-Live en donne une
interprétation bien affaiblie. X. 9.

106) Fr. 18. § 1. fr. 26. D. qui testam. 28. 1), Theophil. II. 10. 6.

107) Savigny traite ce sujet à fond. System. II. § 76—83 et supplé-
ment, VII.

108) Cicéron, pro Rosc. Com. 6. Aussi nommait-on également *causa
capitis* une simple *causa existimationis,* pro Quint. 8. 9., fr. 103. D. de
verb. signif. (50. 16).

109) Tite-Live, VII. 2.

110) Cicéron, pro Cluent. 42. 43., Lex Julia municipalis, lin. 31—49.
(Haubold, Monum. p. 122—126), fr. 1. D. de his qui not. (3. 2 , fr.
40. D. de injur. (47. 10 .

111) Fr. 1. § 8. fr. 9 D. de postul. (3. 1), fr. 2. D. de off. assess.
(1. 22), fr. 4. § 1. D. de legation. 50. 7).

lorsque la loi *Julia* eut restreint la capacité de contracter mariage à cause de la conduite scandaleuse de certaines femmes, et que la jurisprudence les eût fait entrer dans la catégorie des infames [112]). Il y eut donc dans certains cas des femmes atteintes par l'infamie, et dès lors l'édit se compléta de ces nouvelles prescriptions [113]). Sous le droit de Justinien, ces restrictions furent totalement enlevées [114]); cependant la possibilité de noter les femmes d'infamie continua de subsister, mais en principe seulement, et sans application légale [115]): voilà pourquoi bien des textes qui se rapportaient à ce sujet ont été admis dans les recueils de Justinien [116]). Au reste, la peine de l'infamie (sans parler des cas que nous avons déjà eu l'occasion de faire connaître) se présentait comme un accessoire de la condamnation dans tous les *judicia publica* [117]). Il en était ainsi de certains délits privés; que la poursuite ait eu lieu, soit sur une action privée [118]), soit par accusation

---

112) Voy. § 521. Note 43—47.

113) Cela résulte de la comparaison de la loi 1. D. de his qui not. (3. 2) avec les Fragm. Vatic. § 320. Voir encore sur ce point § 532.

114) Voy. § 521. notes 44. 48.

115) Cela est démontré par la Nov. 22. c. 22.

116) V. § 532. notes 155. 160. Les dispositions nouvelles concernant l'infamie appliquée aux femmes auront sans doute été de nouveau effacées des Pandectes dans les passages les plus importants de l'édit qui y avaient été introduits (note 113). Cela s'explique facilement par cette circonstance que si ce titre des Pandectes traite de l'infamie, c'est uniquement à cause de son rapport avec la *Postulatio* dont il ne pouvait être question pour les femmes. Savigny (II, pages 221. 537. 538. 547. 548. 555) veut expliquer ce point en disant que l'infamie a été de nouveau déclarée inapplicable aux femmes dans le droit de Justinien. Mais d'abord, la Novelle 22. c. 22. contredit cette opinion, comme nous l'avons déjà fait remarquer plus haut (§ 532. note 160); elle a de plus contre elle cette circonstance que l'application légale de l'infamie aux femmes n'a été complétement abolie que par la Novelle 117. c. 6. (§ 521. Note 48), et qu'elle subsistait par conséquent encore à l'époque de la compilation des Pandectes.

117) Fr. 7. D. de publ. judic. (48. 1).

118) Fr. 1. 4. § 5. fr. 6. 7. pr. § 1—4. D. de his qui not. (2. 4).

criminelle extraordinaire [119]); enfin, il en fut de même de
certaines actions civiles [120]). Le juge ne pouvait rien changer
à ces prescriptions de la loi [121]); cependant, quand une peine
trop forte avait été illégalement prononcée, on compensait
cette erreur en n'imposant pas l'infamie au condamné [122]). Il
y avait encore d'autres pénalités attaquant l'honneur des
coupables; c'étaient : l'expulsion du Sénat ou de la curie à
temps ou à perpétuité [123]), l'exclusion de toutes ou de certaines fonctions honorifiques [124]), l'interdiction d'exercer une
profession ou un métier pendant un certain temps, ou pour la
vie entière [125]).

On refusait toute sépulture d'après le droit pontifical à ceux
qui s'étaient suicidés par strangulation [126]); cette sanction
fut plus tard étendue à d'autres manières de s'arracher la
vie [127]). On ne portait pas non plus le deuil de ceux que les
remords de la conscience avaient conduits au suicide [128]).
L'usage de s'adresser au Sénat ou au prince pour éviter la

---

119) Fr. 7. D. de publ. judic. (48. 1), fr. 13. § 8. D. de his qui
not. (3. 2), fr. 1. D. de sepulcr. viol. (47. 12, c. 12. C. ex quib.
caus. infam. (2. 12).

120) Voy. § 754. notes 63. 64. § 778. note 21.

121) Fr. 63. D. de furt. (47. 2), fr. 40. D. de injur. (47. 10).

122) Fr. 13. § 7. D. de his qui not. (3. 2), fr. 10. § 2. D. de pœn.
(48. 19).

123) Fr. 5. § 2. D. de extr. cogn. (50. 13), fr. 2. 3. D. de senat.
(1. 9), fr. 7. § 20. D. de interd. (48. 22), fr. 2. § 1. 2. 5. fr. 3. §
1. fr. 5. D. de decur. (50. 2), fr. 15. pr. D. ad municip. (50. 1), c.
1. C. de his qui in exil. (10. 59).

124) Fr. 5. § 2. D. de extr. cogn. (50. 13), fr. 7. § 21. 22. D. de
interd. (48. 22).

125) Fr. 8. pr. fr. 9. pr. § 1—10. D. de pœn. (48. 19), fr. 1. § 13.
D. de off. præf. urb. (1. 12), fr. 3. § 1. D. de decur. (50. 2), fr. 8.
D. de postul. (3. 1), c. 1. C. de his qui in exil. (10. 59).

126) Servius ad Aen. XII. 603., Orelli, Inscr. T. II. n. 4404.

127) Pline, Hist. nat. XXXVI. 24, 3.

128. Fr. 11. § 3. D. de his qui not. 3. 2.

peine qui frappait le suicide, en obtenant la permission de s'ôter la vie, vient des Grecs et non des Romains [129]).

827. Les militaires étaient frappés de peines spéciales ; ils étaient condamnés à périr par le bâton sous les coups de leurs compagnons [130]); ils étaient encore : décimés [131]), vendus comme esclaves [132]), congédiés ignominieusement [133]), dégradés, incorporés dans une troupe inférieure [134]), employés à des fonctions communes ou viles [135]), frappés d'une diminution de solde [136]), condamnés à l'amende avec saisie d'un gage [137]), soumis aux verges ou au bâton [138]), à la saignée [139]), à des entraves corporelles [140]), à une mauvaise alimentation [141]), forcés de camper hors des retranchements [142]) et à faire route avec les bagages [143]). Il était défendu de faire subir aux soldats une mort ou des supplices ignominieux [144]) ; de même, la condamnation à mort prononcée pour un délit militaire n'entraînait point la confiscation du patrimoine acquis au service [145]).

129) Val. Max. II. 6, 7., Dion Cass. LXIX. 8. ibiq. not., Quintil. Decl. 4. 337., Calp. Flacc. 20. 51. Voy. Rein, Röm. Criminalrecht. pages 884. 886.

130) Polybe, VI. 37. (35), Denis d'Halic. IX. 50.

131) Polybe, VI. 38. (36), Frontin, Strateg. IV. 1, 34. 35. 36.

132) Tite-Live, XL. 41., Tite-Live, Epit. 55.

133) Hirtius, de bell. Afric. 54., Suétone, Octave. 24., fr. 1. 2. pr. § 1—4. D. de his qui not. (3. 2), c. 3. C. de re milit. (12. 36).

134) Fr. 3. § 1. D. de re milit. (49. 16), Valère Max. II. 7, 4. 9. 15.

135) Fr. 3. § 1. D. de re milit. (49. 16), Frontin, Strateg. IV. 1, 43.

136) Tite-Live, XL. 41., Festus, v. dirutum.

137) Fr. 3. § 1. D. de re milit. (49. 16), Festus, v. censio, deprehensa.

138) Valèr. Max. II. 7. 4., Tite-Live, Epit. 57.

139) Aulu-Gelle, X. 8., Frontin, Strateg. IV. 1, 16.

140) Valèr. Max. II. 7, 9., Tite-Live, XXIV. 16., Suétone, Octave 24.

141) Polybe, VI. 38. (36), Frontin, Strateg. IV. 1, 25.

142) Polybe, VI. 38. (36), Valèr. Max. II. 7, 15.

143) Amm. Marc. XXV. 1.

144) Fr. 3. § 1. 10. D. de re milit. (49. 16), c. 8. C. de quæstion. (9. 41), Acta S. Tarrach. 1.

145) Fr. 6. § 6. D. de injust. (28. 3), fr. 11. pr. D. de test. mil. (29. 1), fr. 1. 2. D. de veter. succ. (38. 12), c. 13. C. de test. mil. (6. 21).

Chapitre Cinquième.

Des Juridictions [1].

828. Dans les premiers temps de Rome, le droit de punir les citoyens dans leur corps, leur vie et leurs biens était un des attributs de la toute puissance attachée à la dignité royale. L'exercice de ce droit était réglé par la coutume, et les lois n'y apportaient que peu de restrictions. Le Roi jugeait lui-même avec l'assistance d'un conseil les crimes les plus graves; il abandonnait les délits moins importants au jugement de quelques sénateurs [2]. Les décisions du Roi n'admettaient point la *provocatio* [3]. Il pouvait aussi en cas de crimes graves dont l'auteur avait troublé la paix publique, et s'était pour ainsi dire jeté au-devant de la mort comme un ennemi, délé-guer en qualité de juges des *duoviri perduellionis* choisis sur sa proposition par les comices-curies, mais dont la sentence était susceptible d'appel devant les comices [4]. Les deux *quæstores parricidii* étaient chargés de la recherche et de la poursuite du crime [5].

829. Après l'abolition de la royauté, la puissance répressive vint se placer avec toute sa plénitude sur la tête des consuls; mais le génie de la liberté naissante ne tarda pas à en limiter essentiellement les effets. La loi *Valeria* (245) commença par

---

1) Geib, Geschichte des römischen Criminalprocesses bis zum Tode Jus-tinians. Leipzig 1842., Laboulaye, Essai sur les lois criminelles des Romains concernant la responsabilité des magistrats. Paris 1845.

2) Tite-Live, 1. 49., Denis d'Halic. II. 14. 29. IV. 25.

3) Voy. Wœniger, das Provocationsverfahren der Römer. Leipzig 1843.

4) C'est à cette *provocatio* que s'applique l'assertion de Cicéron, de re publ. II. 31.

5) Voy. § 21. note 29.

attribuer au jugement des comices-curies les affaires capitales des citoyens romains [6]); elles furent ensuite déférées aux comices-centuries par la loi des Douze Tables, et cette situation renouvelée par une loi *Sempronia* resta la même jusqu'aux derniers temps de la République [7]). De plus, les tribuns avaient conquis le droit de porter des accusations devant les comices-tribus, et d'y présenter des motions tendant à des peines pécuniaires [8]). C'est de cette manière que le peuple hérita de la puissance judiciaire criminelle. Il n'intervint cependant pas toujours lui-même dans ces débats, mais abandonna souvent à un ou plusieurs commissaires *(inquisitores)* [9]), où même au Sénat, l'information et le jugement des affaires [10]). Toutefois, à côté de ces nouvelles institutions, se maintenait dans sa forme antique le *Perduellionis judicium;* il avait lieu en principe devant les comices-curies, puis après leur chute, devant les comices-centuries [11]); on voit même à la fin de la République un exemple d'un jugement semblable rendu par des duumvirs élus à cet effet [12]).

830. Mais avec le peuple intervenait le Sénat auquel appartenait aussi la connaissance des délits, surtout lorsqu'ils se rapportaient à l'administration supérieure. Il déterminait la conduite à suivre et les peines à appliquer aux colonies révoltées et aux villes insurgées [13]); il statuait dans les cas où il le croyait nécessaire pour assurer la paix du pays et l'autorité de la loi, sur les crimes les plus graves commis en Italie [14]);

---

6) Voy. § 40. note 5.

7) Voy. § 50. note 13. § 104. note 53. § 120. note 39.

8) Voy. § 43. 51. 120.

9) Tite-Live, IV. 51.

10) Tite-Live, XXVI. 33. 34. XXXVIII. 54. XLII. 21.

11) Voy. § 52. 125.

12) Dion Cassius. XXXVII. 27., Cicéron, pro Rabir. 4. 5., Suétone, César, 12.

13) Denis d'Halic. V. 60., Tite-Live, IV. 30. VI. 12. 13. 17. 26. IX. 25. 26. X. 1.

14) Polybe, VI. 13. (11), Tite-Live, XXXI. 12. XXXII. 1. 26. XXXIII. 36. XXXIX. 38. 41. XL. 37. 43., Cicéron, Brut. 22.

il poursuivait aussi dans Rome même, et contre des citoyens
romains, les délits qui par leur nombre, leur nouveauté ou
leurs ramifications, troublaient la République [15]); il recevait
les plaintes des alliés et des provinciaux sur les exactions de
leurs magistrats [16]). Dans ces divers cas, alors que le Sénat
de son plein droit, ou comme nous l'avons dit plus haut, par
délégation du peuple, entreprenait la poursuite ou la punition
d'un délit, il agissait parfois par lui-même [17]); mais la plupart
du temps en commettant des *inquisitores* qui étaient ordinairement les consuls ou un préteur [18]). Une commission de ce
genre devait toujours être autorisée par le peuple quand il s'a-
gissait d'affaires capitales concernant les citoyens romains
[19]). Si cependant la patrie était en danger, et le crime avoué
ou évident, le Sénat ordonnait sans autre formalité la poursuite ou l'exécution [20]).

831. Les magistrats possédaient du reste aussi une certaine
juridiction pénale. Le droit de prononcer des amendes fut, il
est vrai, restreint dans une certaine mesure par les lois
Valeria (245) et *Aternia* (300) [21]); il est vrai aussi qu'à diverses
reprises des dispositions législatives assurèrent la *provocatio*
devant le peuple contre les décisions qui prononçaient la
peine capitale, celle des coups, ou des amendes excessives
[22]); mais les consuls, les préteurs, et tous les magistrats qui
avaient *l'imperium*, conservèrent le droit de prononcer des

---

15) Denis d'Halic. V. 55. 57., Tite-Live, VIII. 18. IX. 26. XXXIV.
44. XXXIX. 14. XL. 19. 37. 44., Cicéron à Att. II. 24.

16) Tite-Live, XXXIX. 3. XLIII. 2., Tite-Live, Epit. 54.

17) Valère Max. IV. 1, 7., Plutarque, Marcell. 23.

18) Tite-Live, IV. 30. IX. 26. X. 1. XXXVIII. 51. 55. XXXIX. 3. 14.
41. XL. 19. 37. 44. XLII. 21. XLIII. 2. XLV. 16., Cicéron, Brut. 22.

19) Polybe. VI. 16. (14), Tite-Live, XXVI. 33. 34.

20) Cicéron, in Catil. 1. 2., Salluste, Catil. 29. 50. 52. 55., Appien,
de bello civ. II. 6.

21) Voy. § 80.

22) Voy. § 40. note 8. § 43. note 32. § 50. note 14. § 51. note 23.
§ 104. notes 51. 52.

peines corporelles modérées, d'envoyer les coupables en prison, et d'infliger des amendes dans la mesure légale [23]; ils employaient aussi leur pouvoir à la punition des délits peu importants [24]. Bien plus, les consuls avaient une puissance illimitée sur ceux qui n'étaient pas citoyens romains; ils l'exercèrent même contre les citoyens dans le cas où le délit était flagrant [25], et prirent dans certaines circonstances extraordinaires les décisions les plus énergiques, non pas il est vrai sans s'exposer à une périlleuse responsabilité [26].

832. Il y avait à côté de cela plusieurs autres juridictions pénales particulières, et en premier lieu l'autorité toute spirituelle du *Pontifex maximus* [27]; plus tard le prince l'exerça comme toutes les autres en même temps qu'il s'attribua le pouvoir pontifical [28]; mais quand cette souveraineté spirituelle fut répudiée par les empereurs chrétiens, la juridiction qu'elle renfermait passa au collège des pontifes qui pour l'exécution de la peine de mort en référa au préfet de la ville, ou hors de Rome, au gouverneur de la province [29].

Le commandant d'une armée avait sur les soldats une autorité illimitée [30]; le conseil de guerre était présidé par un des tribuns militaires qui prenait en considération les registres des punitions qui étaient tenus avec beaucoup d'exactitude [31].

Les *triumviri capitales* avaient sur les esclaves et les gens de basse condition une autorité de répression d'une grande

---

23) Fr. 2. D. de in jus voc. (2. 4), fr. 2. § 16. D. de or. jur. (1. 2), Cicéron, de leg. III. 3.

24) Frontin, de aquæd. 129., fr. 1. § 4. D. de aleat. (11. 5), fr. 35. D. de injur. (47. 10). Cette observation n'a point été faite, même par les auteurs les plus récents.

25) Tite-Live, II. 4., Cicéron, in Catil. 11. 12., Salluste, Catilin. 52.

26) Appien, de bell. civ. II. 6. 15.

27) Voy. § 150. 156.

28) Pline, Lettres. IV. 11.

29) Symmaque, Lettres. IX. 128. 129.

30) Tite-Live, IV. 51. XL. 41., Cicéron, de leg. III. 3.

31) Polybe, VI. 37. (35), Appien, de bell. civ. III. 43.

énergie [32]). Enfin il faut tenir compte de l'ancien tribunal domestique et de famille, comme d'un complément très-actif de la puissance pénale publique [33]).

833. Il est difficile de dire d'une manière précise comment était organisée l'administration de la justice pénale hors de Rome. Ce qu'il y a de certain, c'est que les magistrats des cités avaient une juridiction pénale dans les municipes et les colonies [34]), mais les affaires capitales devaient être jugées par les autorités judiciaires de Rome [35]). Dans les provinces, les gouverneurs avaient été revêtus par le peuple de la plénitude de la juridiction pénale [36]), qui du reste appartenait aussi aux villes dans une certaine mesure, et dans des cas qui ne sont pas bien déterminés [37]).

---

32) Voy. § 141. 211. Niebuhr leur assigne une bien plus grande importance. III. 480; quant à Festus, les raisons qu'il donne ne prouvent rien relativement au droit de punir. V. Sacramentum.

33) Voy. § 474. 525. 537. Ont traité ce sujet : R. de Fresquet, du tribunal de famille chez les Romains; Laboulaye, Revue historique de droit français. (1855. pages 125—145).

34) Appien, de bell. civ. IV. 28., Vell. Pat. II. 19., Lex Julia municip. ligne 119. (Haubold, Monum. page 125).

35) Ce point est démontré par l'exemple du vieil Oppianicus et de Cluentius ; tous deux, quoique citoyens de Larinum, ont été mis en accusation et jugés à Rome comme coupables du crime d'empoisonnement.

36) Comparer § 243. Voir aussi fr. 7. § 2. fr. 8. D. de off. procons. (1. 16), fr. 4. 6. § 8. fr. 10. D. de off. præsid. (1. 18).

37) La preuve en est donnée par Cicéron, in Verr. IV. 45.

Chapitre Sixième.

Des Commissions permanentes.

(Quæstiones perpetuæ.)

---

834. L'usage qu'avait le peuple de nommer fréquemment des commissions pour le jugement d'un crime qui venait de se commettre, conduisit de lui-même, quand les méfaits se multiplièrent, à l'idée d'instituer annuellement, pour les délits les plus graves ou les plus fréquents, des commissions permanentes semblables, dont le personnel se renouvelait chaque année. On donna pour cette raison le nom de *quæstiones perpetuæ* à ce genre de commissions, bien qu'elles ne fussent instituées que pour une année. La première fut établie par la loi *Calpurnia*, due au tribun *L. Piso Frugi* (605), contre les concussions des magistrats [1]), et fut suivie de plusieurs autres instituées peu à peu et pour d'autres délits [2]). Sylla notamment, réorganisa ou établit pendant sa dictature (en 673), soit les *quæstiones perpetuæ* qui existaient déjà, soit de nouvelles commissions pour la répression des crimes d'empoisonnement, de faux, d'homicide, et plusieurs autres [3]). Dans les

---

1) Cicéron, Brut. 27.

2) On ne peut suivre dans tous leurs détails l'établissement de chacune d'elles. Cicéron, de finib. II. 16., Brut. 30., parle d'une *quæstio inter sicarios* instituée en l'an 612, et fait aussi mention d'une accusation *d'ambitus* qui aurait été intentée en 662; il n'est toutefois pas sûr que cette dernière ait été une *quæstio perpetua*. Il est tout aussi incertain (malgré l'opinion généralement reçue) qu'une *quæstio perpetua* ait toujours accompagné la publication d'une loi contre un crime.

3) Cicéron, pro Cluent. 20. 54., fr. 2. § 32. D. de or. jur. (1. 2). Dans ce dernier texte, l'établissement de la *quæstio de parricidio* est aussi attribué à Sylla. Ce point est douteux, car à cette époque, l'accusation de Roscius comme parricide fut intentée devant la *quæstio inter sicarios*. Cicéron, pro Rosc. Amer. 4. 5.

derniers temps de la République, on trouve des exemples de
commissions permanentes spécialement établies pour les crimes d'empoisonnement, d'homicide, de concussion, de péculat [4]), et aussi pour ceux de lèse-majesté, de violences et les
faits punis par la loi *de Sodalitiis* [5]). Cependant une affaire pouvait encore être soumise aux comices, quand il n'existait pas de
commission pour le cas dont il s'agissait [6]). Le peuple et le Sénat pouvaient même, selon les circonstances, établir une
nouvelle *quæstio* à côté d'une commission déjà organisée [7]) :

---

4) Cicéron, pro Cluent. 53. (52), pro Murena 20., in Verr. 1. 13.

5) Ascon. in argum. Cornel. pages 60. 62., in Milon. 35. (95). page 54.
Orell.

6) Cicéron, de finib. II. 16., Ascon., in Milon. 12. 33. (32. 88', pages
46. 53. Orell.

7) Il en fut ainsi lors de l'attentat de Milon contre Clodius. Il existait
à cette époque, c'est Cicéron qui le dit, des *quæstiones de cæde* et *de vi ;*
néanmoins le Sénat voulut l'établissement d'une nouvelle *quæstio, ut
extra ordinem quæreretur*, pro Milone 5. 6. Pompée fit en effet promul-
guer deux lois, la première *de vi,* la seconde *de ambitu,* qui portaient
précisément sur les faits dont Milon était accusé, et il fut institué entre
autres encore pour l'accusation *de vi,* une *quæstio* spéciale présidée par
un *quæsitor* choisi par le peuple parmi les *consulares.* Cicéron, pro
Milone. 6. (14), Ascon. in argum. Milon. page 39. Orell. Là-dessus, Cicéron se récrie et demande : *Quid attinebat nova lege quari, cum esset
legibus quæstio constituta?* Phil. II. 9. Aussi cette manière de procéder fut expressément appelée, *extra ordinem quærere.* Schol. Bob. et
Gronov. in Milon. pages 276. 443. Orell. Cela prouve d'une manière invincible qu'à côté d'une commission permanente instituée par un cas déterminé pour elle, il pouvait y avoir une *quæstio* extraordinaire. Geib est
cependant d'un avis contraire. Röm. Criminalproc. pages 219—224. Il
pense que la loi *Pompeia* établit une nouvelle *quæstio de vi* au lieu de
l'ancienne ; mais alors pourquoi appeler cette manière de procéder, *extra
ordinem quærere?* Pourquoi Milon qui avait déjà été accusé *lege Pompeia,*
le fut-il encore plus tard *lege Plautia?* Ascon. in Milon. pages 54. 55. Il
est particulier dans tous les cas, que Pompée ait fait insérer dans ces deux
lois sur la procédure et la pénalité en général, des dispositions qui
devaient trouver une application si immédiate. Ascon. in argum. Milon.
page 37. Orell. Ces prescriptions eurent, quoi qu'il en soit, un caractère
permanent, tandis que la *quæstio* qui les accompagna ne fut que temporaire et *extra ordinem.*

c'était ce que l'on appelait alors, *extra ordinem quæ-rere* [8]).

835. La composition des commissions et la procédure à suivre pour chacune d'elles étaient généralement déterminées avec soin par les lois qui les établissaient. Cependant plu-sieurs de ces lois avaient une portée plus générale [9]). Le *quæsitor* ou président d'une commission était souvent un des préteurs [10]) comme au temps des commissions temporaires [11]). Cela fit augmenter le nombre de ces magistrats [12]) en même temps que celui des *quæstiones*; mais comme cette mesure ne suffisait pas encore, on choisit de plus pour ces commissions des présidents spéciaux nommés *judices quæstionum* [13]).' Après

---

8) L'expression se trouve dans Ascon. In Milon. 33. (88) page 53. Orell., Cicéron, pro Milon. 6. (14), Scholl. Bob. et Gronov. in Milon. pages 276. 282. 443. Orell. La dernière phrase contient en outre, comme pour expliquer les mots *extra ordinem quærere* : « *hoc est eo tempore quo judicia silebant.* » Rudorff en conclut que la *quæstio extra ordinem* était une commission permanente normale, et qu'il n'y avait rien de changé aux règles ordinaires si ce n'est la durée des débats ; mais la *quæstio de vi Milonis* qui n'était incontestablement qu'une commission temporaire, démontre d'une manière évidente que la durée de l'instance n'était qu'une des nombreuses conséquences de la procédure caractérisée par cette expression, *extra ordinem quærere*.

9) Il en est ainsi de la loi *Servilia repetundarum* ; et encore la chose n'est-elle pas bien certaine (§ 254. notes 91. 92). Voir aussi les deux lois de Pompée (702) *de vi* et *de ambitu* (note 7), Dion Cassius. XL. 52., Ascon. in argument. Milon. page 37. Orell.

10) Tite-Live, XXXIX. 38. XL. 37. XLV. 16.

11) Cicéron, de finib. II. 16., Lex Cornel. de sicar. c. 1. (in Collat. leg. Mos. 1. 3).

12) Voy. § 136.

13) Les termes de la loi *Cornelia* prouvent que le *quæsitor* n'était pas toujours un préteur, mais selon les circonstances un *judex quæstionis,* Cicéron, pro Cluent. 54., Collat. leg. Mos. 1. 3. fr. 1. pr. § 1. D. ad l. Cornel. de sicar. (48. 8). La même preuve ressort de l'exemple de M. Fannius. L'idée généralement admise d'un *judex quæstionis* qui se serait tenu auprès du préteur pour l'assister, est dès lors sans fondement. En effet, Q. Naso qu'on regarde comme le préteur, et Q. Voconius dont on fait un *judex quæstionis* dans le procès plaidé par Cicéron pour Cluentius, repré-

leur élection, les préteurs et les *judices quæstionum* se partageaient les commissions par la voie du sort [14]). On pouvait
cependant réunir deux *quæstiones* sous le même président [15]),
ou répartir entre plusieurs *quæsitores* des crimes prévus par
la même loi [16]), ou enfin en désigner plusieurs pour des délits
de la même nature [17]). On donnait ensuite à chaque commission un nombre déterminé de jurés qui furent d'abord choisis
exclusivement parmi les sénateurs, comme au temps des commissions temporaires [18]), et plus tard, dans les classes désignées à cet effet [19]).

Voici ce que l'on sait sur la manière dont les choses se
passaient. Quatre cent cinquante jurés furent désignés pour la
quæstio repetundarum ou de concussion; ils étaient choisis
tous les ans par le *Prætor peregrinus* qui rendait leur nomi-

---

sentent évidemment le même personnage; quant au *judex quæstionis*
Q. Curtius (voir Cicéron, in Verr. II. 1. 61.), il ne se rapporte pas à
l'accusation dirigée contre Verrès, mais à un autre procès inconnu. La
lumière nous est venue sur ce point par Madvig. de Asconio, pages 121—
133. La manière de voir de ce savant est complétement admise par Geib.
pages 186—194. Osenbrüggen (in Zimmermanns Zeitschr. für. Alther-
thumswiss. 1836. Nro. 125) s'en tient à l'ancienne opinion. Voir du même
auteur, Erläuterung der Rede für den S. Roscius (1844) page 31. Il se
fonde spécialement sur Orell., Schol. Bob. in Vatin. page 323. Mais ce
passage fourmille de contradictions. Voir Geib. page 307. Le *judex
quæstionis* est désigné une fois sous le nom de *quæsitor judic.* par
Orelli. T. II. no 3109., Orelli-Henzen. page 270.

14) Collat. leg. Mos 1. 3., Cicéron, in Verr. 1. 8. 10., pro Murena. 20.

15) Il en fut ainsi dans la *quæstio de ambitu* et *de vi* réunies entre les
mains du préteur Cn. Domitius. (698), Cicéron, ad Quint. fr. II. 3.
13., pro Cælio 13.

16) Les choses se passèrent ainsi en 688, lors de l'institution de la
quæstio de veneficiis et *inter sicarios.* Cicéron, pro Cluent. 53.

17) C'est ainsi qu'en 688 il y eut deux préteurs pour la *quæstio inter
sicarios.* Cicéron, pro Cluent. 53.; sans doute l'un deux représentait la
ville, Collat. leg. Mos. 1. 3.; la même chose eut lieu en 702 pour la
quæstio de vi, Ascon. in Milon. 35 (95). pages 54. 55. Orell.

18) Polybe, VI. 17. (15), Tite-Live, XLIII. 2.

19) Voy. § 254.

nation publique en faisant inscrire leurs noms en lettres noires sur la surface blanche de l'*album* [20]). Au temps de Sylla, où les jurés étaient de nouveau pris exclusivement parmi les sénateurs, cette inscription spéciale devint inutile [21]). Après Sylla, le préteur urbain composait annuellement une liste de jurés pris parmi les trois ordres qui jouissaient alors de ce privilége [22]), et c'était parmi ces jurés désignés, que les questeurs de *l'Aerarium* tiraient au sort ceux qui devaient être répartis dans les différentes commissions [23]). Il n'y a rien de certain sur le nombre de citoyens qui composaient cette liste [24]). Les jurés choisis s'appelaient simplement *judices selecti* [25]), et leurs noms étaient, selon l'ancienne coutume, inscrits sur un *album* [26]).

836. Le choix des jurés pour chaque *judicium* se faisait de la manière suivante : d'après la loi *Servilia repetundarum*, l'accusateur nommait cent jurés parmi les quatre cent cinquante citoyens désignés pour cette commission ; l'accusé en choisissait un nombre égal, et c'était sur ces deux nombres de cent jurés que chacune des parties en désignait cinquante, l'accusé choisissant sur les cent qui avaient été pris par l'accusateur, et celui-ci sur ceux de l'adversaire [27]).

D'après les lois de Sylla, sous l'empire desquelles les juges étaient pris uniquement parmi les sénateurs, le préteur désignait pour chaque *judicium* une décurie du Sénat indiquée par la voie du sort [28]). La loi *Cornelia* permettait aux parties

---

20) Fragments de la loi Servilia. c. 6. 7.

21) Geib se place il est vrai à un autre point de vue. page 209.

22) Cicéron, pro Cluent. 43.

23) Dion Cass. XXXIX. 7. Cette proportion n'a point été admise par Geib, page 212, mais l'opinion que nous énonçons a été suivie par Rudorff, II. § 103. note 7.

24) Ferrat. Lettres. 1. 5.

25) Cicéron, pro Cluent. 43., Sénèque, de benef. III. 7.

26) Album judicum, Suétone, Claude. 16., Sénèque, de benef. III. 7., Pline, Hist. nat. préf.

27) Fragments de la loi Servilia. c. 8. 12.

28) Schol. Gronov. in Verr. 1. 6. (16). page 392. Orell., Cicéron,

de récuser trois juges [29]), et même davantage quand les intéressés étaient membres du Sénat [30]), et alors il fallait procéder à un tirage supplémentaire dans une autre décurie [31]).
Plus tard, le nombre de jurés nécessaire pour chaque *judi-*
cium fut tiré au sort par le préteur ou le *judex quæstionis*
parmi les *judices* composant la liste de la *quæstio* [32]). Les deux
parties avaient le droit d'exercer des récusations sur les jurés
qu'ils ne voulaient point accepter, et alors il y avait lieu de
procéder à une *subsortitio,* c'est-à-dire à un tirage complémen-
taire dans lequel le sort intervenait également [33]). D'après la
loi *Vatinia* (694), l'accusé pouvait, après que l'accusateur avait
opéré ses récusations, rejeter lui-même tout le reste du *con-*
silium, et vice versa, si bien qu'on était obligé de tirer au
sort un conseil tout nouveau [34]).

La procédure instituée par la loi *Licinia de Sodalitiis* (699)
avait quelque chose de particulier en ce que l'accusateur,
après avoir désigné quatre tribus, et subi de la part de
l'accusé la récusation de l'une d'elles, choisissait seul les

---

pro Cluent. 37., in Verr. 1. 10. Comparer à ce sujet § 129. note 16. Le
Pseudo-Asconius s'explique, il est vrai, la chose différemment, sur Verr.
1. 6. (17). page 131. Orell. Geib est aussi d'un avis complétement
opposé. pages 209. 213. 214. 215.

29) Cicéron, in Verr. II. 31.

30) Cicéron, in Verr. 1. 3. 6. II. 1. 2.

31) Cicéron, pro Cluent. 32. 37., in Verr. II. 1. 61.

32) (Ascon.) in Verr. 1. 6. (17). page 132. Orell. Leur nombre était
variable : cinquante, ad Att. IV. 15.; cinquante-six, ad Att. 1. 16.;
soixante-dix, *de majestate,* ad Att. IV. 16., et *de repetundis,* Ascon. in
Scaur. c. 2. § 16. page 30. Orell.; soixante-quinze, in Pison. 40.

33) (Ascon.) in Verr. 1. 6. (17). page 132. Orell., Cicéron, ad Att. 1.
16., pro Planc. 17.

34) Cicéron, in Vatin. 11. ibiq. Schol. Bob. page 321. Orell., pro
Planc. 15. La chose est assurément douteuse. Göttling, Röm. Staatsverf.
§ 156, propose une toute autre explication. Rudorff au contraire suit
l'opinion que nous présentons ici. II. § 103. note 16. Seulement il se trompe
quand il prétend que la loi *Vatinia* autorisait à récuser avec tout le
consilium, le *judex quæstionis* lui-même. Cette erreur est depuis longtemps réfutée par Geib, page 307.

jurés parmi les trois autres [35]). Enfin, d'après les deux lois
de Pompée (702) on tira au sort quatre-vingt-un noms parmi
les trois cent soixante jurés qui furent choisis cette fois dans
les trois classes privilégiées par le consul tout seul, à défaut
d'autres magistrats [36]); les deux parties en rejetèrent immédiatement cinq de chaque classe avant le vote, de sorte qu'il
n'en resta plus que cinquante et un [37]). .

Les jurés choisis devaient prêter serment de remplir de
leur mieux leurs fonctions judiciaires au procès; il en était
de même du *judex quæstionis* [38]); mais le préteur n'y était pas
tenu, car il était déjà lié par le serment prêté en entrant en
charge [39]). Là dessus, les noms des jurés étaient réunis dans
une liste déposée ensuite à la chancellerie du préteur, *ad per-
petuam rei memoriam* [40]).

---

35) *Judices edititii,* Cicéron, pro Planc. 15. 16. 17., pro Murena 23.,
Schol. Bob. in argum. Planc. et in c. 15. § 36. pages 254. 261. Orell.
Ont embrassé une opinion contraire: Göttling, § 158., Mommsen, de
colleg. pages 61—70., Rudorff, II. § 103. note 18. Ces auteurs sont
d'accord pour reconnaître que les tribus dont il s'agit ici expriment non pas
une classification des citoyens, mais celle qui se faisait parmi les jurés
dont les noms avaient été inscrits sur l'album selon les tribus auxquelles
ils appartenaient; mais ils diffèrent sur les points suivants : le premier
croit que le choix des jurés était fait par le préteur qui les prenait
parmi ceux des trois tribus ; le second pense que les jurés des trois
tribus jugeaient ensemble; l'opinion du troisième est que l'accusateur
nommait les jurés en les choisissant dans ces mêmes tribus. La question
est obscure et difficile au dernier point. Il faut consulter également
Geib. pages 313—316.

36) Vell. Pat. II. 76., Cicéron, pro Milon. 8. 38., Dion Cass. XL. 52.

37) Ascon. in argum. Milon. et in c. 35. (95). pages 39. 53. Orell.,
Frag. leg. judiciar. (Haubold, Monum. page 143), Dion Cass. XL. 55.,
Plutarque, Pompei. 55. Caton le jeune, 48.

38) (Ascon.) in Verr. 1. 6. 10. 13. pages 132. 143. 147. Orell., Cicéron, in Verr. 1. 10. 13.

39) Cicéron, pro Cluent. 33. 34. 35.

40) Fragm. 1. Servil. c. 9., Cicéron, pro Cluent. 33., in Verr. I. 6.
10. II. 1. 61. ibiq. (Ascon.) et Schol. Gronov. pages 131. 141. 201.
392. Orell.

Chapitre Septième.

La Juridiction Criminelle au temps
de l'Empire.

---

837. Sous l'Empire, la juridiction criminelle fut enlevée
aux comices déjà du temps d'Octave [1]), qui respecta cependant l'institution des commissions permanentes avec leurs
préteurs et les jurés [2]), et donna sur ce sujet dans la loi
Julia judiciorum publicorum des prescriptions détaillées qui
étaient communes à toutes les *quæstiones* [3]). Quant aux jurés,
il est certain que cette dernière loi, ainsi que la loi *Julia privatorum*, traitait les *judices selecti* des commissions permanentes et ceux des tribunaux civils comme formant des catégories séparées [4]). Il n'est pas moins sûr que sous Octave, on
composa chaque année par la voie du sort, les listes générales
des jurés, d'où l'on tirait le personnel des tribunaux civils et
des différentes *quæstiones* [5]).

C'est un point resté obscur que celui de savoir dans quelles
catégories de personnes se faisait ce tirage. Les trois décuries

---

1) Dion Cass. LVI. 40. Voy. § 271.

2) Le sujet des *quæstiones perpetuæ* depuis le commencement jusqu'à
la fin de l'empire est traité avec talent par Menn. (Jaresbericht über das
Gymnasium zu Neuss. 1859). L'auteur présente cette matière comme un
fragment détaché d'un ouvrage plus considérable dont l'apparition sera
fort bien venue. Je ferai remarquer que l'auteur ne cite que la première
édition de mon Histoire du droit, et qu'il y critique plusieurs passages
déjà modifiés dans la seconde.

3) Frag. Vatic. § 197. 198., fr. 1. D. de testib. (22. 5), fr. 2. 3. pr.
fr. 12. § 2. D. de accusat. (48. 2).

4) C'est ce que nous apprennent les Fragments du Vatican. § 197. 198.

5) Dion Cass. LIV. 18.

de la République ne conservèrent pas dans ce système leur organisation primitive [6]). Octave leur en imposa une nouvelle, et finit par ajouter une quatrième décurie aux trois qui existaient déjà [7]). Il composa celle-ci en y faisant entrer les citoyens dont le cens s'élevait à 400,000 sesterces, c'est-à-dire les chevaliers et les sénateurs [8]); la quatrième fut formée de *Ducenarii* qui n'étaient imposés que pour 200,000 sesterces [9]).

---

6) Voy. § 254.

7) Ce détail nous est donné par Suétone. Octave 32., Pline, Hist. nat. XXXIII. 7. (1).

8) Voy. § 356. De là dans les inscriptions, les désignations suivantes : Judices CCCC selecto, Orelli. T. 1. n° 2357., Orelli-Henzen. N° 6469.

9) Suétone. Octave 32. Pline parle aussi de quatre décuries, comme s'il y en eût eu quatre dès le commencement du règne d'Octave. Hist. nat. XXXIII. 7. 8. (1. 2). Il nous apprend aussi que les décuries portaient différentes désignations spéciales : *tribuni æris* , (ce qui nous ramène à un temps fort éloigné (§ 254. notes 99. 102), *selecti*, et *judices,* et en outre *nongenti ;* il y aurait aussi eu *Divo Augusto decurias ordinante major pars in ferreo annulo;* et on n'en aurait pas appelé les membres, *equites*, mais *judices.* A l'aide de ces notions confuses, Rudorff a édifié pour le temps de l'empire, le système suivant.—1). Les *selecti* ne seraient autres que l'ancienne décurie des sénateurs ; mais contre cette opinion s'élève l'objection que tous les jours on trouve dans les inscriptions la mention de *selecti* qui n'étaient que de simples citoyens dans les municipes de l'Italie , et ne faisaient assurément point partie du Sénat. Orelli-Henzen. Index. page 117. Il existe même une inscription dans laquelle un *judex-selectus* est formellement qualifié d'*eques,* Orelli. n° 3877.—2). La seconde décurie aurait été composée de l'ancien ordre des *equites aureo annulo.* Mais cette hypothèse est détruite par ce que nous venons de dire ; de plus, l'*aureus annulus* n'a été un insigne distinctif des chevaliers qu'à partir de Tibère (§ 356. note 55).—3). La troisième décurie n'aurait été autre que la réunion des citoyens formant la corporation des *tribuni æris, judices, annulo ferreo.* Ici, chaque mot renferme une erreur. D'abord la décurie des *tribuni ærarii* n'existait plus sous Octave (§ 254. note 102), ensuite, dans le langage ordinaire et précis encore en usage à cette époque, le mot *judex* ne désignait point uniquement le juré tiré de la classe des citoyens , mais aussi celui qui appartenait à l'ordre équestre (§ 112. notes 123—128. § 255. notes 106 —110). En troisième lieu, l'anneau de fer n'a été à aucune époque un signe à l'aide duquel les simples citoyens se distinguaient des chevaliers,

Cette dernière décurie qui ne fut instituée que pour les procès civils de moindre importance [10], resta tout à fait étrangère aux *quæstiones;* il faut en dire sans doute autant d'une cinquième décurie que Caligula ajouta aux quatre autres [11]. C'est là ce qui distingua spécialement les trois premières parmi les cinq décuries de juges [12]; en outre, les *selecti* formaient parmi les juges des décuries, une catégorie spéciale [13] qui ne coïncide cependant pas complétement avec la distinction précédente. Peu de temps après Octave, vraisemblablement déjà sous Tibère, on comprit au nombre des juges des décuries jusqu'aux citoyens romains des provinces, à l'exception pourtant de ceux qui venaient seulement de recevoir le droit de cité [14]. C'est par l'*allectio* que se fit plus tard la réception dans les cinq décuries [15]. On ne peut indiquer clairement comment sur la liste générale des jurés se

---

mais s'il faut en croire Pline, l'emblème honorifique de l'ordre équestre, par opposition à l'*annulus aureus* des *equites equo publico* et autres personnages de distinction.—4). La quatrième nouvelle décurie des *ducenarii* seraient les *nongenti.* Mais cette supposition n'est nullement d'accord avec ce que dit Pline des dernières décuries, et les fonctions qu'il leur attribue se rapportent plutôt au temps de la République.

10) Suétone, Octave 32.

11) Voy. § 734. note 8.

12) Cela est démontré par l'inscription qui, dans Orelli-Henzen, porte le n° 3956.

13) La preuve s'en trouve dans les inscriptions : Orelli. T. 1. n°ˢ 73. 2179. T. II. n°ˢ 3349. 3899. 3900; Orelli-Henzen, n°ˢ 6158. 6166. 6998.

14) C'est ce qu'affirme Pline. Hist. nat. XXXIII. 7. (1). La date est fixée par une inscription dans laquelle se rencontre un citoyen romain des provinces au nombre des *sortiendi judices in Asia.* Mommsen. Inscrip. Neapol. n° 4336., Orelli-Henzen, n° 4670.

15) Suétone, Tibère. 51. On trouve dans les inscriptions : un *allectus in V. decurias.* T. I. n° 2543. T. II. n° 4102., Orelli ; Orelli-Henzen n°ˢ 5969. 6167. 6468. ; un *allectus in V. decurias* nommé par l'empereur, Orelli, T. I. n° 3703., Orelli-Henzen, n°ˢ 5969. 6467. 6468. ; — un *adlectus inter selectos ab. imp.,* Orelli-Henzen, n° 6158. : — enfin un *a prætoribus lectus in judices, ut judicia. quæ appellantur privata, susciperet,* Aulu-Gelle, XIV. 2.

faisait le tirage qui distinguait les *judices* destinés aux tribunaux civils, de ceux qui devaient faire partie des *quæstiones* [16]).
On ne sait pas davantage comment on distribuait ces derniers
dans les différentes commissions, ni si sur ce point on avait
maintenu les anciennes prescriptions légales.

838. La compétence des *quæstiones* fut cependant restreinte
de bonne heure; c'est ainsi qu'en premier lieu, Octave attribua au Sénat une nouvelle et importante juridiction pénale
pour certains cas dont le jugement eût dû appartenir en partie
aux *quæstiones* [17]). De plus, les constitutions impériales fidèles
à l'esprit des nouvelles institutions, accordèrent peu à peu au
préfet de la ville la connaissance d'un grand nombre de délits
extraordinaires [18]) et même ordinaires [19]). Enfin, un rescrit
de Septime-Sévère au préfet urbain Fabius Cila attribua à ces
dignitaires (en 205), la répression de tous les délits commis
dans Rome, et dans un rayon de cent milles autour de la
capitale [20]). Cela amena un changement complet dans la juridiction criminelle, et les commissions perpétuelles, qui avaient

---

16) Que cette distinction ait dû être faite, cela est dans la nature des
choses: Aulu-Gelle en fait aussi mention XIV. 2. (note 15). Cela devait
également donner lieu à la confection de listes spéciales. Tel n'est point,
il est vrai, l'avis de Rudorff, I. § 39. note 20. Ce savant s'appuie sur
une inscription dans laquelle il est fait mention d'un *judex selectus
publicis privatisque*. Orelli T. II. n° 3877. Mais le personnage en question avait le droit de prendre cette qualification, ayant été choisi pour
les deux fonctions, et déclaré apte à les remplir. Les autres inscriptions d'Orelli (T. II. n° 3826) que Rudorff invoque, n'ont pas trait à
cette difficulté.

17) Voy. § 277. 311. Les écrivains les plus récents donnent toutefois
trop d'étendue à cette juridiction, notamment Geib. pages 413—420.

18) Fr. 8. D. de extraord. crimin. (47. 11), fr. 3. D. de expil. hered.
(47. 19), fr. 1. § 14. D. de off. præf. urb. (1. 12).

19) Collat. leg. Mos. XIV. 2. 3., Tacit., Ann. XIV. 41., fr. 24. D.
de l. Cornel. de fals. (48. 10), fr. 135. § 4. D. de verb. obl. (45. 1).

20) Fr. 1. pr. § 3. 4. 13. 14. D. de off. præfect. urb. (1. 12), fr. 3.
§ 1. fr. 4. D. de off. præf. vigil. (1. 15), fr. 8. § 5. D. de pœn.
(48. 19), fr. 6. § 1. D. de interd. (48. 22), Dion Cass. LII. 21.

existé jusque-là [21]), disparurent alors complétement [22]). Le préfet ne jugeait point avec l'assistance de jurés dont la décision se formait à la majorité des voix , mais après avoir simplement pris l'avis de son conseil composé de personnages du rang le plus élevé [23]). Cette mesure rendit inutile le choix d'un jury, et à partir du troisième siècle, la procédure fut *extraordinaire* dans tous les cas [24]). Le *Praefectus vigilum* avait à réprimer certaines espèces de délits qui se rapportaient au cercle de ses attributions ; ces répressions pouvaient aller jusqu'à la peine de mort quand il statuait contre des esclaves [25]). On ne peut affirmer avec la même certitude que le tribunal des centumvirs ait eu également à s'occuper d'affaires criminelles [26]).

839. Nous avons vu qu'en Italie la juridiction criminelle appartenait au préfet de la ville, jusqu'aux limites d'un rayon de cent milles autour de Rome : au delà, elle était dans les mains du préfet du prétoire pour certains cas [27]), et pour le

---

21) La preuve de leur existence à cette époque se trouve dans Suétone. Tibère, 33. 58., Tacite, Ann. I. 72. VI. 16. XIV. 41., Quintil, Inst. orat. III. 10., Capitol. in M. Anton. 24., fr. 1. D. de off. ejus. (1. 21). Menn fait remarquer avec raison que le dernier texte de Papinien est antérieur à 205. Mais c'est à tort que cet auteur reproche aux jurisconsultes d'avoir méconnu ce témoignage suprême de l'existence des *quaestiones*. Cette induction se trouvait déjà dans notre seconde édition, § 799. note 10.

22) Menn nous apprend, comme une découverte qu'il aurait faite récemment, que les *quaestiones* cessèrent d'exister depuis l'ordonnance de Septime-Sévère. Mais cette assertion, ainsi que toutes les preuves qu'il en apporte, se trouvait déjà dans la seconde édition de cet ouvrage, qui du reste lui était inconnue. On doit toutefois à cet auteur d'avoir précisé avec plus d'exactitude la date de ce fait juridique.

23) Apulée, Apolog. page 381. Oudend.

24) Fr. 8. D. de publ. jud. (48. 1) , fr. 1. § 3. fr. 13. D. de pœn. (48. 19) , fr. 15. § 1. D. ad SC. Turpill. (48. 16).

25) Fr. 15. D. de condict. causa data (12. 4). Voy. § 230.

26) Phèdre est le seul qui en parle. Fab. III. 10.; mais son témoignage est trop isolé. Voir Geib., pages 233—237.

27) Collat. leg. Mos. XIV. 3.

reste, dans celles des correcteurs ou consulaires des régions [28]). Dans les provinces, elle appartenait, comme sous la République, au gouverneur [29]). La puissance de ce dignitaire réunissait dans la contrée où il commandait, la plénitude des attributions qui à Rome étaient divisées entre diverses autorités [30]), et comprenait même les *cognitiones extraordinariæ* appartenant au préfet de la ville [31]). Il avait aussi la connaissance des infractions légères [32]), et des délits des esclaves [33]). L'intendant de l'empereur *(procurator Cæsaris)* ne jouissait comme tel d'aucune juridiction criminelle ; seulement quand il remplissait comme en Judée les fonctions de gouverneur, il était aussi chargé de statuer sur quelques affaires pénales [34]).

On ne peut déterminer quelle était la mesure de la puissance répressive accordée en Italie et dans les provinces aux magistrats des villes ; ce qu'on sait d'une manière positive, c'est qu'ils avaient un certain pouvoir de répression sur les esclaves [35]), et un devoir de surveillance à exercer relativement à la garde et à l'interrogatoire préalable des malfaiteurs [36]). Les peuples alliés *(fœderati),* et les villes libres, avaient naturellement la juridiction criminelle dans toute sa pléni-

---

28) Amm. Marc. XV. 7. 5.

29) Dion Cass. LIII. 14., fr. 6. pr. fr. 8. 11. D. de off. procons. (1. 16), fr. 3. 4. 6. § 8. D. de off. præs. (1. 18).

30) Fr. 7. § 2. D. de off. procons. (1. 16), fr. 10. 12. D. de off. præsid. (1. 18).

31) Fr. 8. D. de extr. crim. (47. 11), fr. 3. D. expil. hæred. (47. 19), Collat. leg. Mos. XIV. 2. 3.

32) Fr. 6. D. de accus. (48. 2).

33) Fr. 6. D. de accus. (48. 2), fr. 24. § 3. D. de pigner. act. (13. 7), fr. 9. D. de manum. (40. 1).

34) Collat. leg. Mos. XIV. 3., fr. 3. pr. D. de off. procur. (1. 19), c. 2. C. de pœn. (9. 47), c. 3. C. ubi caus. fisc. (3. 26).

35) Fr. 12. D. de jurisd. (2. 1), fr. 15. § 39. fr. 17. § 2. D. de injur. (47. 10).

36) Fr. 3. 6. pr. fr. 10. D. de custod. reor. (48. 3), c. 5. 6. C. Th. de exhib. reis (9. 2). Les actes des martyrs donnent des exemples très-concluants. S. Felic. 1. 2. 3., S. Saturnin. 2.

tude [37]), ce qui n'empêchait cependant pas leurs habitants
d'être aussi justiciables des magistrats romains [38]). La Judée
était sous ce rapport dans une situation particulière : le grand
prêtre y pouvait avec le Sanhédrin emprisonner, juger et
condamner à mort, d'après la loi juive, les auteurs d'attentats
contre la religion; mais la confirmation et l'ordre d'exécution
de la sentence devaient être demandés au gouverneur romain [39]).

840. La plénitude de la juridiction n'était du reste attachée
à aucun emploi comme en découlant d'elle-même, si ce n'est
à *l'imperium;* mais on la considérait toujours comme un de
ses attributs extraordinaires. Elle était appelée *merum imperium* [40]), *jus gladii* [41]), *potestas* dans le sens plus restreint
du mot [42]), et elle ne venait s'attacher à une fonction que par
la prescription expresse d'une loi, d'un sénatus-consulte, ou
d'une constitution impériale. Voilà pourquoi on ne pouvait la
déléguer qu'en vertu d'une disposition spéciale, à la différence
de la juridiction proprement dite [43]).

841. Mais l'empereur intervint aussi très-activement dans
l'administration de la justice répressive. On déféra souvent à
son tribunal des crimes graves de toute nature. Ils furent
jugés tantôt par l'empereur en personne avec l'assistance de
son conseil [44]), tantôt par le Sénat [45]), ou bien renvoyés au
préfet du prétoire ou à un autre juge pour en connaître ex-

---

37) Il en était ainsi à Athènes. Tacite, Ann. II. 55.
38) Fr. 7. § 2. D. de captiv. (49. 15).
39) St Matth. XXVI. 3. 4. 47. 57—66. XXVII. 1. 2. 11—14. 22—26.
St Jean. XVIII. 3—13. 19—24. 28—40. XIX. 1—16. Josephe, Ant. jud.
XX. 9. 1.
40) Fr. 3. D. de jurisd. (2. 1).
41) Fr. 6. § 8. D. de off. præsid. (1. 18 , Lampride, Alex. Sévère. 49.
42) Fr. 3. D. de jurisd. (2. 1).
43) Fr. 1. pr. § 1. D. de off. ejus (1. 21), fr. 6. pr. fr. 11. D. de
off. procons. (1. 16), fr. 70. D. de reg. jur. (50. 17).
44) Suétone, Octave. 33., Dion Cassius. LV. 7., Tacite, Ann. VI. 10.
XIV. 50., Pline, Lettres. VI. 22. 31., Capitol. M. Antoine. 24.
45) Tacite, Ann. III. 10—16. 37. IV. 22. VI. 7—10.

traordinairement [46]). Spécialement, un décurion ne pouvait être frappé d'une peine capitale dans aucune partie de l'Empire sans qu'on en eût d'abord référé au prince [47]). Il fut aussi permis d'en appeler à lui comme cela se faisait pour les affaires civiles, même du fond des provinces [48]); souvent les gouverneurs soumirent à son appréciation des cas douteux, afin d'obtenir une décision directe [49]).

842. A partir de Constantin, la juridiction criminelle fut organisée de la manière suivante:

Dans les deux capitales, le *Præfectus urbi* avait, comme auparavant, la connaissance des crimes graves [50]); il déléguait dans certains cas le préfet de *l'annona* [51]) avec lequel concourait dans Rome le lieutenant *(vicarius)* du préfet de la ville [52]). Le préfet des gardes de nuit jugeait les délits de moindre importance [53]); il fut remplacé plus tard à Constantinople par le préteur du peuple [54]). Hors de Rome, *extra centesimum milliarium*, le préfet n'avait pas de juridiction criminelle directe [55]), elle appartenait aux *consulares;* seulement dans les provinces voisines de la capitale, leur puissance pénale était encore limitée par celle du préfet de la ville [56]). La juri-

---

46) Pline, Lettres. VII. 6., Spartien, Sévère. 4., c. 1. C. de precib. imperat. (1. 19).

47) Fr. 27. § 2. D. de pœn. (48. 19), fr. 2. § 1. D. de bon. eor. (48. 21), fr. 16. D. ad l. Cornel. de sicar. (48. 8).

48) Fr. 6. § 8. 9. D. de injusto (28. 3), fr. 1. pr. D. quando appell. (49. 4).

49) Pline, Lettres. X. 97. 98., Collat. leg. Mos. 1. 11., fr. 14. D. de off. præs. (1. 18).

50) C. 1. C. de off. præf. vigil. (1. 43), Amm. Marc. XXVI. 3. XXVIII. 1., nov. Just. 13. c. 6.

51) Amm. Marc. XXVIII. 1. 9. 31. 32.

52) Amm. Marc. XXVIII. 1. 22. 32. 43—47.

53) C. 1. C. de off. præf. vigil. (1. 43), Cassiodore, Var. VII. 7.

54) Voy. § 378.

55) Voy. § 389. notes 27. 28. C'est dans le même sens qu'a été interpolée la loi 3. D. de off. præf. urbi (1. 12).

56) C. 12. C. Th. de pœn. (9. 40), ibiq. Godefroy. c. 13. C. Th. de accus. (9. 1). Comparer sur ce point § 389. notes 29. 30. 31.

diction propre du Sénat n'existait plus ; au lieu d'être jugés par lui, les délits d'une certaine gravité, spécialement ceux qui offensaient la personne sacrée de l'empereur, étaient souvent évoqués à la cour, et dévolus à la juridiction du préfet du prétoire ou à d'autres personnages de confiance [57] ; l'instruction en était parfois déléguée au Sénat [58].

Dans les provinces, la suprême juridiction pénale était entre les mains des gouverneurs [59] ; il en était de même dans toute l'Italie [60], sauf les modifications apportées dans l'administration exceptionnelle des provinces italiennes dépendant de Rome (*Suburbicariæ provinciæ*). Mais les gouverneurs ne devaient point s'occuper des délits ou infractions de peu d'importance [61] ; la connaissance en appartenait donc aux magistrats municipaux [62]. La puissance répressive d'un ordre secondaire fut donnée, au cinquième ou sixième siècle, aux défenseurs des cités [63] ; dès lors c'était à eux seulement et non aux magistrats à se préoccuper de l'interrogatoire provisoire des individus accusés de crimes graves, et de leur renvoi immédiat devant le gouverneur [64].

843. Il y avait d'ailleurs plusieurs juridictions criminelles spéciales instituées pour juger, les unes, certaines espèces de crimes, les autres, certaines classes de personnes. A la première de ces catégories appartenaient les méfaits relatifs aux vivres et approvisionnements. Le *Præfectus annonæ* avait sur ces délits, et dès lors sur les corporations qui dépendaient de

---

57) Amm. Marc. XV. 3. 13. XIX. 12. XXIX. 1. 23. 38., Zosime, IV. 14.

58) Voy. § 371.

59) C. 1. C. Th. ne sine jussu. (9. 41).

60) Amm. Marc. XV. 7. 5.

61) C. 8. C. Th. de jurisd. (2. 1) a. 395.

62) Car les *Defensores* n'avaient encore aucune juridiction criminelle. c. 7. C. Th. de defens. (1. 29) a. 392.

63) C. 5. C. J. de defens. (1. 55). à comparer avec c. 7. C. Th. eod. (1. 29). Interpr. ad c. 8. C. Th. de jurisd. (2. 1), nov. 15. c. 6.

64) C. 22. pr. C. de episc. audient. (1. 4), c. 7. C. J. de defensor. (1. 55). à comparer avec c. 5. C. Th. de custod. reor. (9. 2).

ce service, une juridiction pénale qui allait jusqu'au droit de vie et de mort [65]). Il faut ranger dans la seconde catégorie les tribunaux suivants : le Sénat; car dans les premiers temps de l'Empire, les sénateurs furent jugés par le Sénat lui-même [66]); le tribunal du préfet de la ville, auquel la nouvelle organisation de Septime-Sévère renvoya les délits commis par les sénateurs dans Rome, ou dans un rayon de cent milles autour de la capitale [67]). Sous Constantin, le système adopté fut celui-ci : les sénateurs domiciliés à Rome dépendaient du préfet de la ville, qui toutefois était tenu d'en référer à l'empereur en cas d'accusation grave [68]). Les sénateurs qui habitaient les provinces, même celles d'Italie, étaient placés par une ordonnance de Constantin (317) sous la juridiction des gouverneurs [69]). On décida cependant bientôt après, que ces sortes de procès, toujours instruits par les tribunaux ordinaires, seraient renvoyés, quant à la détermination de la peine, au préfet de la ville pour les provinces dites suburbicaires, et au préfet du prétoire pour les autres [70]). Le préfet de la ville fut, malgré cela, toujours tenu (quand il s'agissait du jugement d'un membre du Sénat) de s'adjoindre un conseil de cinq sénateurs désignés par la voie du sort [71]). Justinien qui n'admit dans son recueil que la seule constitution de Constantin, supprima cette disposition [72]).

844. Les fonctionnaires de l'Empire qui appartenaient à la

---

65) Fr. 13. D. de accus. (48. 2), c. 38. C. Th. de navicul. (13. 5), c. 9. C. Th. de suar. (14. 4), Cassiodore, Var. VI. 18. De là la désignation de *præfectus annonœ cum jure gladii*, Orelli, T. II. nos 3169. 3191.

66) Voy. § 277, note 7, et aussi § 288. note 68.

67) Cette induction se tire du contexte général de la loi 1. pr. D. de off. præf. urbi (1. 12).

68) C. 10. C. Th. de pœnis (9. 40), c. 10. C. Th. de malefic. (9. 16).

69) C. 1. C. Th. de accusat. (9. 1).

70) C. 13. C. Th. de accusat. (9. 1).

71) C. 12. C. Th. de jurisd. (2. 1).

72) C. 1. C. ubi senator. (3. 24). Telle est également l'assertion expresse de Cassiodore. Var. VI. 4. 21.

classe la plus élevée, celle des *illustres*, avaient pour juge criminel l'empereur en personne, et cela même après la résiliation de leurs fonctions [73]). Les délits commis par les gouverneurs des provinces appartenaient au jugement du préfet du prétoire [74]). Les officiers du palais étaient jugés par le *magister officiorum* [75]), les *officiales* par leur chef [76]), les colons et les esclaves appartenant aux domaines impériaux, par le *comes domorum* [77]).

845. Quant aux soldats, Octave avait confié la répression de leurs délits, en Italie, au préfet du prétoire, sauf certaines exceptions relatives aux centurions et autres officiers supérieurs [78]). Dans les provinces de l'empereur, ils étaient soumis pour les délits légers, au pouvoir du lieutenant *(legatus)* commandant la légion, et dépendaient du président de la province pour les affaires capitales [79]). Au contraire, les proconsuls, dans les provinces du peuple, n'avaient de juridiction pénale complète, c'est-à-dire allant jusqu'à la peine de mort, que lorsqu'elle leur avait été spécialement déléguée par l'empereur [80]). Le souverain s'était réservé le jugement des officiers [81]). Constantin transporta aux *magistri militum* le pouvoir judiciaire des préfets [82]), et dès lors, tous les délits commis

---

73) Amm. Marc. XXVII. 7. 5., Zenon, c. 3. C. ubi senator. (3. 24). Voy. Bethmann-Hollweg, Gerichtsverf. § 10.

74) C. 2. C. Th. de off. magistr. milit. (1. 7), c. 10. C. Th. de off. præf. præt. (1. 5).

75) Voy. § 364. note 64.

76) Fr. 6. § 1. D. de pœn. (48. 19).— C. 4. C. Th. de off. magistr. milit. (1. 7), c. 2. C. J. de off. magistr. milit. (1. 29), c. 5. C. J. de apparit. magistr. milit. (12. 55).— C. 12. C. J. de palatin. sacr. largit. (12. 24), Zosime, IV. 14.

77) Voy. § 741. note 70.

78) Dion Cass. LII. 24. Le sens de ce passage n'est pas très-clair.

79) Dion Cass. LII. 22. Comparer § 310. 340.

80) Dion Cass. LIII. 13. C'était là le *jus gladii* dans le sens le plus restreint. Orelli T. II. n° 3664., Capitol. Gordien. 9.

81) Dion Cass. LII. 22. 33.

82) Zosime, II. 32. 33.

par les soldats (et non pas seulement les délits militaires) furent jugés par un tribunal militaire [83].

846. Il faut enfin mentionner ici ce qui concerne la juridiction des prêtres chrétiens. Les infractions commises par les gens d'église relativement à leurs fonctions sacerdotales ou leurs devoirs canoniques ne pouvaient naturellement point être du ressort des tribunaux laïques, mais avaient été de tous temps abandonnées à la sévérité des autorités ecclésiastiques [84]. Leur juridiction, considérée comme un privilège de la dignité dont ils étaient revêtus, fut aussi étendue aux délits ordinaires des évêques et gens d'église [85]. Valentinien III en rendit de nouveau la connaissance aux tribunaux laïques [86], et il en fut ainsi jusque dans le dernier état du droit [87].

Chapitre huitième.

De la Procédure pénale.

847. Une procédure criminelle ne pouvait généralement avoir lieu sans une accusation formelle. Les fonctions d'accusateur appartenaient dans les temps reculés aux deux *quæstores parricidii* [1], lesquels avaient aussi mission de convoquer

83) Fr. 9. D. de custod. reor. (48. 3), fr. 3. pr. D. de re milit. (49. 16), c. 2. C. Th. de jurisd. (2. 1), c. 6. C. J. de jurisd. (3. 13), c. 18. C. J. de milit. (12. 36).

84) C. 23. C. Th. de episcop. (16. 2), c. 29. C. J. de episc. audient. (1. 4), nov. 83. c. 1.

85) C. 12. 41. 47. C. Th. de episc. (16. 2).

86) Nov. Valent. III. tit. XXXIV. de episc. judic. c 1. pr. § 1.

87) C. 25. pr. C. J. de episc. (1. 3), c. 29. § 4. C. de episc. audient. (1. 4), nov. 83. præf. § 2., nov. 123. c. 8. c. 21. § 1.

1) Voy. § 59.

les comices-centuries quand il s'agissait d'une instance criminelle [2]). Plus tard, la charge d'accusateur fut imposée, en
partie aux édiles [3]) qui le cas échéant réunissaient eux-mêmes
les comices [4]), et en partie aux tribuns qui étaient obligés de
s'adresser au préteur pour la convocation des comices-centuries [5]). Enfin le premier venu put se constituer accusateur [6]).

848. Il faut, en ce qui concerne la procédure, distinguer,
au temps de la République, celle qui était en usage devant
les assemblées populaires, de celle qui se pratiquait devant
une commission *(quæstio)* [7]). L'acte par lequel commençait la

---

2) Voy. § 120. note 41.

3) Voy. § 138.

4) Voy. § 120. note 43.

5) Voy. § 120. note 42.

6) Ce mode de procéder ne fut en usage que dans les derniers temps.
Valère Max. VI. 1, 10. Cependant, lorsque Clodius accusa Milon, ce
fut encore en sa qualité d'édile. Dion Cass. XXXIX. 18., Cicéron, pro
Sex. 44., in Vatin. 47., ad Quint. II. 3.

7) Eisenlohr a exposé au sujet de la procédure en usage devant le
peuple une opinion toute particulière. pages 6. 7. 41—47. Selon cet
auteur, les comices n'auraient jamais jugé une affaire en premier lieu,
et directement, mais la sentence aurait toujours été prononcée préalable-
ment par un magistrat qui eût été l'accusateur lui-même; seulement elle
n'eût jamais pu être mise à exécution sans la provocation au peuple, et la
ratification qu'il aurait faite du jugement; tel serait le but des lois de
provocation. Cette manière de voir se réfute par les considérations
suivantes —1). Les textes qui font mention de la puissance pénale des
comices-centuries et des *comices-tribus* la représentent comme une juridiction directe, immédiate, et ne font pas mention d'une provocation intermédiaire. Voy. § 50. note 13. § 104. note 53. § 120. note 39.
Eisenlohr ne peut accorder ces passages avec son opinion qu'en leur
faisant la plus grande violence —2). Les expressions des magistrats
accusateurs *multam dixerunt, perduellionem judicaverunt*, et autres semblables, ne se rapportent qu'à la proposition qu'ils faisaient, et à l'opinion qu'ils émettaient de la culpabilité de l'accusé. C'est ce que montre
clairement Tite-Live, XXV. 3. XXVI. 3. XLIII. 8. 16.—). Quand Eisenlohr affirme que la condamnation prononcée par le magistrat accusateur
ne pouvait être exécutée; que la provocation était de droit, et que c'était

première, était la sommation publique, faite par celui auquel
incombait l'accusation, à celui contre lequel elle était dirigée,
d'avoir à comparaître devant le peuple un jour déterminé, au
sujet du crime désigné dans l'accusation [8]. Si la plainte était
formée devant les comices-centuries, le jour était indiqué
par le questeur *parricidii*, qui remplissait les fonctions d'accusateur, et annoncé par ses ordres à son de trompe du haut
du Capitole, le long des murs de la ville, et à la porte de l'accusé [9]. Quand les tribuns voulaient remplir le rôle d'accusateurs devant les comices-centuries [10], le jour des débats était
désigné par le préteur [11]; il l'était par les tribuns quand le
procès était engagé devant les comices-tribus. L'accusé était
dûment cité pour se défendre [12], et tenu de garantir sa comparution en donnant caution, ou en se constituant prisonnier [13]. Au jour désigné, l'accusation était portée devant le

---

immédiatement après l'accomplissement de cette formalité qu'on procédait devant les comices au jugement de l'affaire, n'est-on pas fondé à
lui demander en quoi donc un semblable jugement différait d'une simple
proposition de l'accusateur? —4). Certains textes placent dans la bouche
du magistrat l'expression *accusare*. Mais alors, si le peuple n'était pas
juge direct, le magistrat accusait donc à son propre tribunal, et réunissait dans une seule personne, comme le dit aussi expressément Eisenlohr, les qualités de juge et partie —5). Il résulterait donc précisément
de là que les tribuns et les questeurs eux-mêmes auraient joui d'une
juridiction portant sur les affaires capitales, ce qu'Eisenlohr reconnaît
du reste formellement —6). Cet auteur fonde surtout son opinion sur cette
considération que le rétablissement des lois de provocation n'aurait pas
eu de sens ; mais on peut dire à cela que ces lois auraient produit dans
tous les cas un excellent effet, puisque, grâce à leur puissante autorité,
et à l'étendue de leur compétence, les magistrats pouvaient très-facile-
ment, surtout dans les provinces, se permettre maint excès de pouvoir.
Voir aussi § 104. note 56.

8) Cela s'appelait *diem dicere* ; Tite-Live, XXV. 3. 4. XLIII. 16.

9) Varron, de ling. lat. VI. 90. 91. 92., Plutarque. C. Gracch. 3.

10) On en trouve un exemple dans Orell. Schol. Bob. sur Clod.
page 337.

11) Tite-Live. XXVI. 3. XLIII. 16., Aulu-Gelle, VII. 9.

12) Appien. de bell. civ. 1. 74.

13) Tite-Live. III. 13. XXV. 4. XXVI. 3., Denis d'Halic. X. 8.

peuple réuni dans la forme des *conciones* ; on lui demandait
une condamnation à une peine désignée ; il entendait la défense de l'accusé [14], appréciait les dépositions des témoins
et les preuves offertes [15] ; le tout était répété une seconde et
une troisième fois après certains intervalles de temps [16].
Après le troisième débat, qui alors ne durait pas longtemps,
on procédait à la délibération, et le jugement était prononcé
à la pluralité des voix.

Plus tard la procédure fut différente : le magistrat publiait
son accusation par trois fois en trois jours différents ; il la
portait ensuite une quatrième fois après trois jours de marché,
et faisait sa motion pour l'application d'une peine [17]. Après
la clôture des débats, on procédait au vote qui avait lieu
par centuries ou tribus [18], d'abord verbalement, et plus
tard à l'aide de petites tablettes [19]. Quand l'accusé ne paraissait pas pour se justifier à l'appel de l'appariteur de justice [20],
ou lorsqu'il faisait annoncer qu'il s'était exilé, on n'en poursuivait pas moins les débats contre lui malgré son absence [21].

849. Devant une *quæstio*, le premier acte de la procédure
était la déclaration faite au président de la commission, de
l'accusation qu'on voulait intenter, et la demande en autorisation nécessaire pour y donner suite. Cela s'appelait *dela-
tionem nominis postulare* [22]. Si plusieurs accusateurs se pré-

---

14) Tite-Live, II. 52. 61. III. 56—58. XXV. 3. XXVI. 2. 3. XXXVIII.
50. 51.

15) Tite-Live, III. 58. XXV. 3. XXVI. 3., Cicéron, in Vatin. 17.

16) Tite-Live, XXVI. 3.

17) Declam. pro domo 17., Appien, de bell. civ. 1. 74. L'interprétation du premier de ces textes n'est pas tout à fait exacte dans Geib,
page 116., Becker-Marquardt II. 3, 57. Celle d'Eisenlohr l'est davantage, seulement on y remarque les conséquences de son faux point de
départ. page 39. 40.

18) Tite-Live, XL. 42. XLIII. 16., Cicéron, de leg. III. 3.

19) Voy. § 125. 126.

20) Tite-Live, XXXVIII. 51.

21) Tite-Live, II. 35. III. 13. XXV. 4. XXXVI. 3. XXXVIII. 52.

22) Cicéron, divin. 20., ad famil. VIII. 6.

sentaient en même temps, il fallait avant tout avoir recours à
une *divinatio* pour donner la préférence à l'un d'eux [23]), car il
ne pouvait jamais y avoir qu'un seul accusateur pour le même
crime ; les autres avaient cependant la faculté de se joindre
au premier à titre de *suscriptores* [24]). Cette *postulatio* était
suivie, après un certain délai, de la *nominis delatio* [25]), à
laquelle naturellement l'accusé était convoqué [26]). On y for-
mulait avec précision les termes de l'accusation qui était
ensuite mise par écrit, et signée par l'accusateur [27]); c'est ce
qu'on appelait *legibus interrogare* [28]). A partir de la loi *Julia*,
l'accusateur fut tenu de produire un libelle d'accusation ou
d'inscription signé de lui, rédigé d'après des formes prescrites [29]), et joint ensuite aux pièces du procès [30]). L'affaire
était alors inscrite au registre du tribunal avec les noms de
l'accusateur et de l'accusé [31]), ce qui s'appelait *nomen rei
recipere* [32]), et l'on fixait l'époque à laquelle l'accusation serait

---

23) Aulu-Gelle, II. 4., Cicéron, ad Quint. fr. III. 2., fr. 16. D. de
accus. (48. 2). On trouve dans Cicéron la preuve que la *divinatio* avait
lieu avant la *delatio nominis*. Divin. 7. 19. 20., Ascon. in argum.
Milon. page 40. Orell.

24) Cicéron, divin. 15. 16., Ascon. in argum. Scaurian. Orell.,
page 19. Apulée, Apolog. page 380. Oudend.

25) Cicéron, ad fam. VIII. 6., divin. 20.

26) Voir sur cette citation relative à la *delatio nominis*, Ascon. in
argum. Milon. Orell., page 40. Cicéron, in Verr. II. 28. 38.

27) (Ascon.) in Verr. 1. 2. II. 2, 3. pages 128. 206. Orell., Schol.
Bob. *de ære alieno* Milon. Orell. page 342., Salluste, Catil. 18. 31.,
Vell. Pat. II. 13.

28) Ascon. in Milon. 35. Orell. page 55., Cicéron, de invent. rhet.
II. 19.

29) Fr. 3. pr. § 1. 2. fr. 7. pr. D. de accus. (48. 2), Apulée, Apolog.
pages 378. 379. ed. Oudend. c. 3. C. de his qui accus. (9. 1).

30) Fr. 3. § 8. D. ad l. Jul. de adult. (48. 5), c. 1. C. ad SC. Turpill. (9. 45).

31) Cicéron, in Verr. II. 41. 42. 43., pro Cluentio 31., fr. 3. § 1.
4. D. de accus. (48. 2).

32) Tite-Live, XXXVIII. 55., Cicéron, ad fam. VIII. 8., in Verr. II.
38. IV. 19.

portée devant le tribunal rassemblé. C'était d'ordinaire le
dixième jour [33]); cependant sur la demande de l'accusateur,
il lui était accordé un délai plus étendu pour faire l'instruction du crime et réunir les preuves [34]).

850. Au jour indiqué, le héraut *(præco)* appelait chaque
partie à comparaître devant le tribunal [35]). L'accusateur ne se
présentait-il point, on effaçait du rôle le nom de l'accusé [36]);
si c'était l'accusé qui faisait défaut, il était condamné après de
courts débats, et l'on confisquait ses biens [37]). Cette procédure
fut cependant adoucie sous l'Empire; l'accusé défaillant était
mis au nombre des *requirendi*, et sommé par édit d'avoir à se
présenter; lorsqu'après un an il n'avait point répondu à cette
réquisition, ses biens étaient confisqués, mais aucun jugement
de condamnation n'était prononcé contre lui [38]). Quand les
deux parties se présentaient devant la justice, et que le choix
des jurés composant la commission avait été fait, on procédait sans interruption à l'exposé de l'accusation après lequel
se produisait immédiatement la défense de l'accusé. Ces discours étaient suivis de l'*altercatio*, c'est-à-dire d'un dialogue
rapide entre l'accusateur et l'avocat, par lequel les deux
parties pouvaient au dernier moment résumer d'une manière
vigoureuse les arguments les plus importants présentés de

---

33) Ascon. in argum. Cornel. page 59. Orell., Cicéron, ad Quint. fr.
II. 13. L'accusation était quelquefois fixée au trentième jour. Cicéron,
in Vatin. 14.

34) Trente jours, Ascon. in argum. Scaurian. et c. 1. § 19. 21, cent
dix jours, Cicéron, in Verr. 1. 2. II. 1. 11. ibiq. (Ascon.) pages 125.
128. 163. Orell.

35) Appien, de bell. civ. 1. 74., Quintil. inst. orat. VI. 4. § 7.,
Actes de St Marin 2. (Euseb. VII. 15, fr. 10. D. de publ. judic.
(48. 1).

36) Cicéron, in Verr. II. 40., Ascon. in argum. Cornel. Orell. page 59.

37) Cicéron, in Verr. II. 17. 38. 40., Ascon. in Milon. 35. pages 54.
55. Orell., Plutarque, Brut. 27., Appien, de bell. civ. III. 95. IV. 27.

38) Fr. 1. 5. D. de requir. (48. 17, fr. 5. pr. D. de pœn. (48. 19.
C. I. 2. C. de req. reis (9. 40, nov. 134. c. 5.

part et d'autre [39]). Cette *altercatio* terminait les débats selon
un usage de l'ancien droit qui existait encore au temps de la
loi *Acilia repetundarum* [40]) ; cependant la loi *Servilia repetundarum* y fit une exception pour ce genre d'accusation, en
donnant après la défense la *comperendinatio,* c'est-à-dire un
délai d'un jour que l'accusateur pouvait consacrer à une
deuxième action [41]) à laquelle l'accusé était également libre de
répondre [42]). L'accusation et la défense étaient encore accompagnées d'autres discours tenus par des avocats *(patroni)*
que l'accusé avait appelés à sa défense ; il était aussi d'usage
que l'accusé employât pour sa justification un certain nombre
de *laudatores* ou de *laudationes*, c'est-à-dire de témoignages
écrits rendus en sa faveur [43]), mais l'abus qu'on fit des patrons
obligea d'en restreindre le nombre , d'abord par les lois
de Pompée [44]), ensuite par la loi *Julia* [45]) ; enfin l'emploi des
laudatores fut complétement défendu par Pompée [46]). Les
plaidoiries duraient souvent plusieurs jours, aussi Pompée
fut-il encore obligé d'y imposer une mesure [47]). Cette limite
se maintint jusque dans les derniers temps, seulement il

---

39) Quintil. VI. 4. Cet usage existait déjà du temps de Cicéron, Quintil. VI. 3. § 4.

40) Ce que le Pseudo-Asconius ajoute à cette loi, renferme des erreurs
évidentes. Zur Verres. I. 17. II. 1. 9. pages 149. 165., Ferrat. Epist. 1. 10.

41) Cicéron, in Verr. II. 1. 9. Le sens de ce passage fort controversé
est en réalité assez clair ; les compilations réunies par le Pseudo-Asconius sur la *comperendinatio* prouvent seulement son manque de jugement
personnel.

42) L'opinion irréfléchie exprimée par le Pseudo-Asconius [Zur Verres.
1. 18. (56). II. 1, 9. (26.)], que dans la seconde *actio* l'accusé aurait eu
la parole le premier, a été suffisamment réfutée par Ferrat. Epist. 1. 9.

43) Cicéron, in Verr. V. 22., Ascon. in Scaurian. c. 2. Orell. page 28.

44) Dion Cassius, XL. 52. Dialogues, de caus. corrupt. eloq. 38.

45) Ascon. in argum. Scaurian. Orell. page 20.

46) Dion Cassius. XL. 52. 55., Plutarque , Pompei, 55., Cato min. 48.

47) Ascon. in argum. Cornel. et Milon. Orell. pages 62. 40., Dion Cassius. XL. 52., Cicéron, Brut. 94., Dialogues, de caus. corrupt. eloq. 38.

paraît que dans chaque cause le temps de l'orateur était mesuré à l'aide d'une clepsydre [48]).

851. A l'origine, les témoins étaient d'ordinaire admis et interrogés après les plaidoyers de l'accusation et de la défense, et avant la seconde *actio* dans le cas de *comperendinatio* [49]). Cependant l'accusateur était libre d'en faire usage immédiatement, soit qu'il présentât ses moyens dans un discours suivi à la fin duquel il amenait ses témoins, soit qu'il les fît entendre après chaque point de son plaidoyer [50]). Au contraire, d'après les deux lois de Pompée, les témoins devaient être entendus en premier lieu, et leurs dires déposés par écrit devant tous les jurés composant la commission; après quoi, le sort désignait quatre-vingt-un jurés devant lesquels commençaient les plaidoiries [51]).

Plus tard, il en fut encore autrement, probablement depuis la loi *Julia ;* les témoins ne furent interrogés qu'après *l'actio,* comme cela avait lieu autrefois [52]), et les orateurs ne purent invoquer leurs dépositions que d'une manière très-générale [53]). Les témoins étaient convoqués par les parties qui voulaient s'en servir, soit sous la forme d'une invitation à laquelle ils répondaient volontairement, soit par une citation que le juge autorisait à donner, et qui était accompagnée d'une sanction pénale en cas de non-comparution. Ce dernier avantage n'était cependant accordé qu'à l'accusateur [54]).

Les lois apportèrent aussi des limites au nombre de

---

48) Pline, Lettres II. 11. IV. 9. VI. 2., Dion Cass. LXXI. 6. LXXVI. 17., Apulée, Métam. page 177 b. page 455 b. Oudend., Joan. Lydus, de magistr. II. 14. 16.

49) Cicéron, pro Flacco. 10., in Verr. II. 72.

50) Cicéron, in Verr. 1. 18. ibiq. (Ascon.) Orell. page 153.

51) Ascon. in argum. Milon. pages 37. 40. Orell.

52) Quintil. Inst. orat. V. 7. § 25., Pline, Lettres II. 11. IV. 9.

53) Quintil. V. 7. § 3. 8. 23. 25. VI. 4. § 4. 5.

54) Quintil. V. 7. § 9., Pline, Lettres III. 9. V. 20. VI. 5., Cicéron, in Verr. II. 26.

témoins qu'il était permis de convoquer [55]), et s'occupèrent de la qualité des personnes, dont les unes ne devaient nullement être appelées en témoignage, et les autres ne pouvaient être contraintes à y venir [56]). Quand leur tour était venu, les témoins étaient appelés devant les juges par le héraut (*præco*) [57]); on leur faisait prêter serment [58]); l'accusateur leur posait ensuite publiquement des questions, auxquelles l'accusé pouvait opposer aussi des interrogations dans un sens différent [59]), genre de lutte dans lequel se déployaient surtout l'habileté et la souplesse d'esprit des avocats [60]); ce n'est que plus tard que l'interrogatoire par le juge prit naissance, et seulement quand l'ancienne procédure fut tombée [61]). Les déclarations des témoins étaient couchées par écrit et conservées pour l'instruction du procès [62]). A défaut des témoins eux-mêmes, les parties pouvaient présenter des déclarations écrites [63]) auxquelles cependant on n'accordait qu'une médiocre importance [64]). Les actes des autorités publiques dont on invoquait le témoignage au procès étaient déposés pendant trois jours entre les mains de la justice, pour éviter toute falsification [65]); les déclarations des particuliers

---

55) Fragments de la loi Servil. c. 12., Valère Max. VIII. 1. absol. 10., Loi Mamilia. c. 5., fr. 1. § 2. D. de test. (22. 5).

56) Lex (Acilia repetund.) lin. 2. (Haubold, Monum. page 74), Collat. leg. Mos. IX. 2. 3., fr. 3. § 5. fr. 4. 5. 13. 18. D. de test. (22. 5).

57) Cela s'appelait *citare testes*, Cicéron, in Verr. II. 1, 7. 2, 30.

58) Cicéron, in Verr. II. 72., Quintil. V. 7. § 5. 32., c. 9. pr. C. de test. (4. 20).

59) Cicéron, pro Flacco 10., (Ascon.) in Verr. II. 1, 11. page 165. Orell., Ascon. in argum. Milon. Orell. page 41.

60) Quintil. V. 7. § 3. 9—22. 26—31.

61) Fr. 3. § 3. D. de test. (22. 5), Apulée, Apolog. p. 600 Oudend.

62) Cicéron, pro Cluent. 23. 60., in Verr. II. 1, 31. 33.

63) Quintil. V. 7. § 1. 2. 25. 32. Voir sur ce sujet, Escher, de testium ratione. chap. 6.

64) Fr. 3. § 3. 4. D. de testib. (22. 5).

65) Cicéron, pro Flacc. 9.

étaient produites dans le cours des débats [66]). Enfin, on employait la torture contre les esclaves pour obtenir l'aveu du crime qu'on leur imputait, ou de la connaissance qu'ils en avaient [67]); seulement, l'accusateur qui proposait d'y soumettre un esclave, était tenu, pour le cas où son innocence serait reconnue, de dédommager le maître du préjudice qu'il pourrait en éprouver, et de constituer une caution à cet égard [68]). On ne pouvait point mettre les esclaves à la torture pour déposer contre leur propre maître [69]), si ce n'est sous l'ancien droit, dans le cas d'une instruction relative à la violation des mystères [70]) *(inceste religieux);* plus tard on put le faire pour crime d'adultère [71]), de fraude en matière d'impôts [72]), de crime de lèse-majesté [73]), mais non d'inceste, dans le sens ordinaire du mot [74]). Sous l'Empire, on put appliquer à la question, selon les circonstances, les hommes libres eux-mêmes, non-seulement comme accusés [75]), mais comme té-

66) Cicéron, in Verr. II. 1, 31. 33. 38. 2, 76. 77., pro Fontei. 4., pro Flacc. 9., Apulée, Apolog. pages 543. 563. Oudend., Quintil. V. 5.

67) Cicéron, orat. part. 31., pro Sylla 28., pro Rosc. Amer. 41. 42., pro Cluent. 63., Quintil. V. 4., Tite-Live, XXVI. 27.

68) Paul., Sent. rec. V. 16. § 3., fr. 6. pr. D. de quæst. (48. 18), fr. 27. pr. § 1—5. 15. 16. fr. 18. D. ad l. Jul. de adult. (48. 5). c. 3. C. ad l. Jul. de adult. (9. 9), c. 6. C. de calumn. (9. 46.)

69) Cicéron, pro rege Dejot. 1., Dion. Cass. LV. 3., Tacite, Ann. II. 30. III. 67., Vopisc. Tacit. 9., Paul, Sent. rec. V. 16. § 5—9., fr. 1. § 7—16. fr. 2. 3. D. de quæst. (48. 18).

70) Cicéron, orat. part. 34., pro Milon. 22.

71) Fr. 17. D. de quæst. (48. 18), Collat. leg. Mos. IV. 11. c. 3. 6. 32. C. ad l. Jul. de. adult. (9. 9). Voilà pourquoi les esclaves ne pouvaient être affranchis par le père et le mari pendant le délai des deux mois de l'accusation. Fr. 12. 13. D. qui et a quib. manum. (40. 1), c. 3. 36. C. ad l. Jul. de adult. (9. 9).

72) C. 1. C. de quæst. (9. 41).

73) Chap. 6. § 2. Chap. 7. § I. C. ad. l. Jul. majest. (9. 8), c. 1. C. de quæst. (9. 41).

74) Fr. 39. § 8. D. ad. l. Jul. de adult. (48. 5), fr. 4. 5. D. de quæst. (48. 18).

75) Fr. 18. § 1. 2. D. de quæst. (48. 18).

moins [76]); les personnes d'un certain rang telles que les sénateurs [77]), les décurions [78]) et aussi les soldats [79]), étaient seules
exceptées, si ce n'est en cas de crime de lèse-majesté [80]), ou
aussi de magie dans certaines circonstances [81]). La torture ne
devait cependant être ordonnée que quand il existait déjà des
indices et des preuves du crime [82]), et on ne devait l'employer
qu'avec mesure et circonspection [83]); elle était donnée hors
de la présence du tribunal [84]), par les valets du bourreau, sous
les yeux d'un officier de justice qui fut plus tard le *commentariensis*. On enregistrait les déclarations du patient, afin de
les produire devant les juges [85]). L'aveu de l'accusé n'était
point nécessaire, en présence de preuves suffisantes, pour
déterminer la condamnation [86]).

852. La clôture des débats était annoncée à haute voix par
le héraut *(præco)*, et les jurés étaient immédiatement invités
à procéder à leur vote [87]) qui amenait soit la condamnation ou

---

76) Fr. 1 § 9. 10. fr. 15. pr. fr. 18. §. 3. D. de quæst. (48. 18),
nov. 90. c. 5. Le titre des Pandectes parle, il est vrai, spécialement des
esclaves, *servi;* mais les passages cités prouvent clairement qu'il était
possible de mettre également les hommes libres à la torture. Cela ressort aussi d'une manière évidente des exceptions citées dans le même
texte.

77) C. 1. 3. C. Th. de quæst. (9. 35), Amm. Marc. XXVIII. 1, 24.

78) C. II. 16. C. de quæst. (9. 41).

79) Fr. 3. § 1. D. de re mil. (49. 16.), c. 8. pr. C. de quæst. (9.
41).

80) Paul, Sent. rec. V. 29. § 2., fr. 10. § 1. D. de quæst. (48 18),
c. 4. C. ad l. Jul. de majest. (9. 8), Amm. Marc. XXVIII. 1, 10. 11.

81) C. 7. C. de malefic. (9. 18).

82) Paul, Sent. rec. V. 14. § 1., fr. 1. pr. § 1. fr. 10. § 4. fr. 18.
§ 1. 2. D. de quæst. (48. 18.), c. 3. 8. § 1. C. de quæst. (9. 41).

83) Fr. 1. § 23. 24. 25. fr. 8. 10. § 3. 5. D. de quæst. (48. 18).

84) Cicéron, pro Milone 22.

85) Cicéron, pro Sylla 28., Joan. Lydus de magistr. III. 8. 18., Actes
de St Claude 1—5. Cicéron parle de ces *tabellæ quæstionis* dans son
plaidoyer pour Cluentius. 65. 66.

86) C. 16. C. de pœn. (9. 47).

87) Cicéron, in Verr. II. 30., (Ascon.) in Verr. 1. 18. Orell. page 152.

l'absolution, soit l'*ampliatio*, quand l'affaire ne paraissait point assez claire; dans ce dernier cas, on procédait à de nouveaux débats [88]. Mais la loi *Servilia repetundarum* qui avait introduit la *comperendinatio* dans ce genre de procès, ne permit plus de voter pour l'*ampliatio* [89]. Le vote était secret; d'après une loi *Cornelia*, on accordait à l'accusé le droit de décider lui-même s'il aurait lieu à haute voix ou secrètement, et dans le premier cas il se faisait dans l'ordre désigné par le sort; mais cet usage ne subsista pas longtemps [90]. Chaque juré recevait, dans le cas où le vote était secret, une petite tablette de bois recouverte de cire [91], sur laquelle il inscrivait une des trois lettres décisives [92], puis il s'avançait, le bras découvert, cachant son vote avec la main, et jetait sa tablette dans l'urne destinée à la recevoir [93]. Depuis la loi *Aurelia*, ou

---

88) Cicéron, in Verr. II. 1, 9. On trouve des exemples de l'*ampliatio* dans divers auteurs; Tite-Live, XLIII. 2., Valère Max. VIII. 1, 11., Cicéron, Brut. 22, in Verr. II. 1, 29.

89) Cicéron, in Verr. II. 1, 9. C'est par erreur que Klenze a introduit le caractère N L dans sa restitution de la loi *Servilia*. On pouvait cependant encore voter pour l'*ampliatio* dans d'autres accusations. Pro Cluent. 27. (28). Rudorff est du même avis sur cette question 1. § 31. note 11. Il conteste seulement que la loi *repetundarum*, dont sont tirés les *fragmenta*, soit la même que la loi Servilia. (§ 814. note 185), et il en donne précisément pour preuve qu'il est question de l'*ampliatio* dans ces fragments. cap. 12. lin. 47. Mais dans ce passage tronqué et inintelligible, on ne saurait voir avec certitude l'*ampliatio* dans le mot *amplius*.

90) Cicéron, pro Cluent. 19. (20). 27. 28.

91) Cicéron, divin. 7., pro Cluent. 58., pro Flacco 39.

92) A (absolvo), C (condemno). N L (non liquet), (Ascon.) in divin. 7. in Verr. II. 1, 9. Orell. pages 108. 164.

93) Fragm. 1. Servil. c. 13., Appien, de bell. civ. III. 95, IV. 27. La loi *Servilia* nous apprend qu'on se servait dans les procès d'une urne de terre (sitella, urna), pour y déposer les votes, et non d'une corbeille (cista) comme aux comices; on en trouve aussi la preuve dans les médailles de la *gens Cassia*. Voy. Wunder, Variæ lectiones. page CLXIV., et Cicéron, ad Quint. fr. II. 6., in Vatin. 14. Par là se trouve réfutée l'opinion de Wunder, qui donne des paroles de Cicéron une explication erronée § 176. note 122). Le Pseudo-Asconius parle, il est vrai, de la *cista*,

peut-être la loi *Fufia* [94]), (695) chacune des trois décuries qui prenaient part au jugement vota dans une urne spéciale [95]), mais les votes étaient réunis quand il s'agissait de les compter [96]).

Il n'était point permis de continuer la discussion pendant le vote [97]). Après l'accomplissement de cette formalité, le préteur tirait une à une les tablettes de l'urne, il les lisait et les remettait au juge le plus voisin de lui. La loi *Servilia* qui ne permettait point *l'ampliatio*, faisait compter pour la condamnation une tablette qui ne portait point de vote [98]); l'égalité des voix emportait l'absolution [99]). Quand la condamnation était accompagnée de l'adjudication d'une indemnité pécuniaire, les mêmes juges restaient réunis pour prononcer en qualité de *recuperatores* sur la *litis œstimatio* [100]).

853. Les formes que nous avons indiquées jusqu'à présent étaient généralement suivies pour les causes portées dans les provinces devant le préteur et le conseil qu'il choisissait au sein du *conventus*, réunion solennelle pour les assises; la sentence n'était point rendue par le tribunal tout entier, mais seulement par le préteur qui, sans doute, s'en rapportait habituellement à l'opinion de la majorité [101]). Il en était de même sous l'Empire devant le préfet de la ville

---

in divin. 7. Orell. page 108., mais cette circonstance ne peut infirmer l'autorité des autres témoignages.

94) On ne peut douter que la loi *Fufia* n'ait été une *lex judiciaria*. Schol. Bob. in orat. pro Flacco 6. Orell. page 235. Il faut donc appliquer aux tribunaux et non aux comices ce que rapporte Dion Cass. XXXVIII. 8., sur le contenu de cette loi.

95) Cicéron, ad Quint. fr. II. 6., Ascon. in Scaur. c. 2. page 30., in Milon. 35. p. 53. Orell.

96) Cicéron, ad famil. VIII. 8., ad Quint. fr. II. 16.

97) Fragments de la loi Servil. c. 12.

98) Fragments de la loi Servil. c. 13.

99) Cicéron, ad famil. VIII. 8., pro Cluent. 27.

100) Voy. § 814. note 192.

101) Cicéron, in Verr. II. 1. 29. 30. 2, 29. 30.

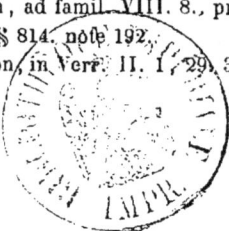

7

et les gouverneurs qui n'avaient d'autre conseil que leurs assesseurs [102]).

Devant le Sénat, on observait de même les formes ordinaires pour l'accusation et la défense qui étaient suivies d'une question relative à l'absolution ou à la condamnation, et d'un vote définitif [103]).

Après la disparition des anciennes *quæstiones*, la procédure fut toujours extraordinaire [104]). Toutefois, on conserva l'ancien principe en vertu duquel il fallait pour accuser s'inscrire par un libelle [105]). Une exception fut admise en matière de faux ; un rescrit d'Antonin permettait au juge de recevoir en ce cas une plainte verbale [106]). Constantin, après avoir approuvé cet usage [107]) l'abolit presque immédiatement [108]) ; il fut rétabli par Gratien [109]) et supprimé de nouveau sous Justinien [110]). On permit cependant dans certains cas de formuler une accusation par une simple déclaration verbale faite au greffe, sans remplir la formalité de l'inscription [111]). Ce privilége appartenait notamment aux femmes dans les cas exceptionnels où elles étaient admises à former une accusation, et

---

102) Apulée, Apolog. p. 377. ed. Oudend., Acta St Pisonii. 20., Acta procons. S. Cypriani. 4.

103) Tacite, Ann. II. 29. 30. III. 17. 23. 49. 50. 51. 68. 69. IV. 20. 30. XI. 4. XIV. 48. 49. XV. 20., Pline, Lettres. II. 11. 12. III. 9. IV. 9. V. 20. VI. 13. 29. VII. 6. 10.

104) Fr. 8. D. de publ. judic. (48. 1), fr. 1. § 3. D. de pœnis (48. 19).

105) Fr. 3. pr. fr. 7. pr. D. de accus. (48. 2), c. 1. C. J. ad SC. Turpill. (9. 45), c. 3. C. J. de his qui accus. (9. 1), c. 5. 9. C. Th. de accus. (9. 1), c. 2. C. J. de exhib. reis (9. 3), c. 16. 17. C. J. de accus. (9. 2).

106) C. 4. § 1. C. Th. ad l. Cornel. de fals. (9. 19).

107) C. 2. C. Th. ad l. Cornel. de fals. (9. 19).

108) C. 5. C. Th. de accus. (9. 1).

109) C. 4. C. Th. ad l. Cornel. de fals. (9. 19).

110) Cela ressort des mutilations qu'ont subies les textes cités, avant leur introduction dans le Code. c. 2. 4. C. Th. ad l. Cornel. de fals. c. 22. 23. C. J. ad l. Cornel. de fals. (9. 22).

111) C. 8. C. de accus. (9. 2).

au mari qui dénonçait l'adultère de sa femme [112]). Après la plainte, le juge lançait le mandat d'amener [113]) que le *commentariensis* faisait exécuter par ses subordonnés [114]). Cet officier amenait aussi l'accusé devant le tribunal [115]), et dirigeait la procédure à l'aide de ses employés [116]).

Les débats étaient publics, et l'enceinte du tribunal était ouverte en général à tout le monde [117]); cependant le juge se retirait derrière un rideau pour la rédaction de la sentence [118]); elle était mise par écrit, lue *ex tabella* sur minute [119]), et ensuite expédiée par *l'Instrumentarius* [120]).

854. Relativement à la personne de l'accusateur, bien des prescriptions légales devinrent nécessaires lorsque la poursuite des délits fut remise entre les mains des citoyens euxmêmes. Un grand nombre de personnes furent écartées du droit d'accusation à cause de leur âge, de leur sexe, de leur position sociale, de la privation de l'honneur civique qu'elles avaient encourue, ou de leur manque de fortune [121]). Les esclaves et les affranchis, qui au reste avaient sous l'Empire le droit d'intenter une poursuite publique, ne pouvaient, par un sentiment de respect, mettre en accusation leur maître [122])

---

112) C. 12. C. de his qui accus. (9. 1), c. 30. C. ad l. Jul. de adult. (9. 9).

113) C. 3. C. de exhib. reis (9. 3), c. 7. C. de calumn. (9. 46).

114) Joan. Lydus, de magistr. III. 18.

115) Acta S. Claud. 1—5., S. Marcell. 3., S. Crispinæ 4.

116) Aster. epis. de martyr. S. Euphemiæ 3., Acta S. Pisonii. 8. 9. S. Crispinæ. 2.

117) C. 9. C. Th. de off. rector. (1. 16).

118) Basilii M. epist. 79. ad Eustathium, Acta S. Eupli 1. 3.

119) Acta S. Scillitan. 5., S. Pionii 20., S. Cyprian. 4., S. Maximil. 3., S. Agapæ 6., S. Eupli 3., S. Crispinæ 2.

120) Joan. Lydus, de magistr. III. 19.

121) Cicéron, pro Cluent. 43., fr. 1. 2. 4. 8. 9. 10. 11. pr. D. de accus. (48. 2), Collat. leg. Mos. IV. 5., c. 5. 8. 9. 12. C. de his qui accus. (9. 1).

122) Pline, Panég. 42., Capitol. Pertin. 9., Paul, Sent. rec. V. 13. § 3., fr. 1. § 16. D. de quæst. (28. 18), Constantin. edict. de accusat.

ou patron [123]) quand il s'agissait d'une peine capitale, le crime
de lèse-majesté excepté [124]) ; de plus il était défendu d'intenter en même temps deux actions pénales [125]), et quand on était
accusé soi-même, on n'était autorisé à poursuivre contre un
autre qu'une accusation plus grave [126]).

Des récompenses étaient attachées au succès d'une accusation que l'on considérait comme un service rendu à la
société ; cela se faisait déjà sous la République pour *l'ambitus*, et plus tard pour d'autres crimes encore [127]). On cher-
chait cependant d'autre part à sévir autant que possible contre
les auteurs de poursuites intentées par pur désir de nuire.
C'est à cela que tendait avant tout le serment *calumniæ causa*
qu'était obligé de prêter l'accusateur [128]). De plus, la loi
Remmia, dont la date est incertaine, formula diverses pénalités contre ceux qui avaient été parties dans une accusation
criminelle calomnieuse [129]) ; l'une d'elles consistait à im-
primer avec un fer rouge la lettre K sur le front du coupable [130]). Trajan voulut que l'on remplaçât cette peine par
celle que l'accusé aurait subie dans le cas où il eût été condamné [131]). Celle-ci fut considérée alors comme une obligation

j

(Savigny Zeitschrifft. IX. 60. 74), ou bien c. un. § 1. C. Th. ad l.
Jul. maj. (9. 5). c. 2. 3. C. Th. ne præter crim. majest. (9. 6), c.
20. C. de his qui accus. (9. 1), c. 6. C. de delat. (10. 11).

123) C. 1. 4. C. Th. ne præter crim. majest. (9. 9), c. 21. C. de his
qui accus. 9. 1).

124) Fr. 7. pr. § 1. 2. D. ad. l. Jul. majest. (48. 4).

125) Fr. 8. 12. § 2. D. de accus. (48. 2).

126) C. 1. 19. de his qui accus. (9. 1).

127) Tacite, Ann. IV. 20. 30., Suétone, Tibère, 61., Dion Cassius,
LVIII. 14, Josephe, Ant. jud. XIX, 1, 16., c. 5. § 7. C. ad l. Jul.
majest. (9. 8), c. 2. C. de falsa monet. (9. 24).

128) Fragm. l. Servil. c. 8., Cicéron, ad famil. VIII. 8. § 3., Ascon.
in Cornel. p. 64, Orell.

129) Cicéron, pro Rosc. Amer. 19. ibiq. Schol. Gronov. p. 431. Orell.,
fr. 1. pr. § 1. 2. D. ad Sc. Turpill. (48. 16), fr. 13. D. de testib. (22. 5).

130) Cicéron, pro Rosc. Amer. 20. ibiq. Schol. Gronov. p. 432. Orell.

131) Pline, Panég. 35. Cela est contesté par Geib, Criminal process,
pages 294, 579., mais sans raisons concluantes.

découlant de la *subscriptio* de l'accusation [132]. L'auteur d'une poursuite calomnieuse intentée pour crime de lèse-majesté, devait en outre être mis à la torture, afin qu'il indiquât le nom de ceux qui pouvaient être les instigateurs du crime [133]. Celui qui avait calomnieusement accusé quelqu'un d'un crime extraordinaire, était puni d'une peine extraordinaire [134]. Cependant toute accusation non prouvée n'était pas considérée comme calomnieuse [135]; c'était aux juges à prononcer spécialement sur cette question [136]. Il y avait aussi certaines plaintes que l'on pouvait intenter sans rien craindre à ce sujet [137].

855. Une autre disposition légale, unie par 'un rapport étroit avec ces dernières, était celle en vertu de laquelle on était tenu de poursuivre jusqu'au bout l'instance que l'on avait commencée. L'accusateur était obligé de donner caution à cet égard [138]; il était même (quand sa position ne l'en dispensait pas) conduit en lieu de sûreté avec l'accusé [139], et

---

132) Fr. 7. pr. D. de accus. (48. 2). c. 9. 11. 14. 19. C. Th. de accus. (9. 1), c. 17. C. J. de accus. (9. 2), Symmaque, Lettres. X. 70.

133) Constantin, Edits, de accusat. (Klenze, Savigny Zeitschrifft, IX. 56.—90). C'est d'après ces données qu'il faut modifier les textes suivants : c. un pr. C. Th. ad l. Jul. majest. (9. 5), c. 3. C. J. eod. (9. 8).

134) Fr. 3. § 3. D. ad SC. Turpill. (48. 16), Paul, Sent. rec. 1. 5. § 2. V. 3. § 11.

135) Fr. 1. § 3—5. D. ad SC. Turpill. (48. 16), c. 3. C. de calumn. (9. 46).

136) Ascon. in Scaurian. in fin. p. 30 Orell., c. 1. C. de calumn. (9. 46). Mais ce *judicium calumniæ* n'avait pas la valeur ni les effets d'un *judicium publicum.* Fr. 43. § 11. D. de ritu nupt. (23. 2); cependant il emportait l'infamie, fr. 1. 4. § 4. D. de his qui not. (3. 2).

137) Fr. 15. § 2. D. ad Sc. Turpill. (48. 16), c. 2. 4. C. de calum. (9. 46). Coll. leg. Mos. IV. 4., fr. 37. § 1 D. de minor. (4. 4). Ces deux derniers textes sont en contradiction avec les suivants; fr. 14, § 3. fr. 30. pr. D. ad l. Jul. de adult. (48. 5).

138) Fr. 7. § 1. D. de accus. (48. 2), fr. 3. C. de his qui accus. (9. 1), c. 1. 2. C. ad Sc. Turpill. (9. 2).

139) C. 17. C. de accus. (9. 2), c. 2. C. de exhib. reor. (3. 3).

s'il *tergiversait*, c'est-à-dire s'il se désistait volontairement de
la plainte, il subissait les peines du sénatus-consulte Turpillien [140]) porté sous Néron (814) [141]). On ne pouvait donc généralement abandonner une accusation que lorsqu'on en avait
poursuivi l'abolition devant la justice [142]), et encore n'était-
elle habituellement accordée que du consentement de l'accusé,
et sans pouvoir l'être toujours, cette condition même remplie [143]). Cette obligation faite à l'accusateur cessait par sa
mort ou un empêchement légitime, et alors l'accusé pouvait
de son côté demander *l'abolitio* pour ne pas vivre toujours
sous le poids de l'accusation [144]).

Quelquefois aussi une abolition générale était publiquement
accordée pour célébrer quelqu'événement heureux pour
l'Etat [145]), et cela était sans doute institué dans l'intérêt de
l'accusateur avant tout; néanmoins il lui était permis de
reprendre son accusation pendant trente jours (et pas plus)
sans compter celui de la fête [146]).

Enfin, le législateur dut se préoccuper aussi de réprimer la
prévarication [147]). Le sénatus-consulte Turpillien la punissait

---

140) Tacite, Ann. XIV. 41.

141) Fr. 14. § 2. D. de bon. libert. (38. 2 , fr. 1. § 1. 7. 9. 10. fr.
7. § 1 fr. 15. § 1. D. ad Sc. Turpill. (48. 16`, c. 1. C. ad Sc. Tur-
pill. (9. 45). Quant à la peine, voy. fr. 3. § 3. D. de prævar. (47. 15),
c. 3. C. de his qui accus. (9. 1), c. 2. C. ad Sc. Turpill. (9. 45 .

142) Paul, Sent. rec. V. 17. § 1., fr. 1. § 8. fr. 10. pr. D. ad Sc.
Turpill. (48. 16), c. 2. C. de abolit. (9. 42 , c. 16. C. ad l. Jul. de
adult. (9. 9).

143) Fr. 18. § 1. 2. D. ad SC. Turpill. (48. 16), c. 2. 3. 4. C. Th.
de abolit. (9. 37), c. 3. C. J. de abolit. (9. 42).

144) Fr. 10. pr. D. ad SC. Turpill. (48. 16, fr. 3. § 4. D. de accus.
(48. 2).

145) Fr. 8. 9. 12. 17. D. ad SC. Turpill. (48. 16`.

146) Paul, Sent. rec. V. 17. § 2., fr. 7. § 1. fr. 10. § 2. fr. 15.
§. 6. D. ad SC. Turpill. (48. 16`.

147) Fr. 1. § 1. 6. D. ad Sc. Turpill. (48. 16), fr. 1. D. de prævar.
(47. 15).

comme l'accusation calomnieuse [148]), et cette assimilation subsista longtemps sur la plupart des points [149]).

856. Passons à l'accusé. Il n'était point permis, en considération de leur service public, de mettre en accusation les magistrats en fonction; la poursuite criminelle devait être renvoyée jusqu'à l'expiration de leur magistrature [150]), à moins qu'ils ne consentissent volontairement à y répondre [151]), qu'ils n'abdiquassent leur charge [152]), ou ne fussent contraints de donner leur démission par suite de circonstances très-pressantes [153]).

Un sénatus-consulte de l'an 773 ordonnait de poursuivre les esclaves selon les formes ordinaires [154]) par la voie de l'inscription [155]). La comparution en personne était de règle, soit pour la défense, soit pour l'accusation [156]).

Le prévenu ne fut d'abord retenu prisonnier qu'en cas de délit flagrant et manifeste [157]), ou lorsqu'il y avait aveu [158]); ordinairement une caution suffisait [159]), ou l'on se contentait

---

148) Tacite, Ann. XIV, 41.

149) Fr. 2. 4. 6. D. de prævar. (47. 15), fr. 1. 4. § 4. D. de his qui not. (3. 2), fr. 43. § 11. D. de rit. nupt. (23. 2), fr. 4. D. de accus. (48 2).

150) Denis d'Halic., X, 39. 50., Fragments de la loi Servil. c. 3., Cicéron, de finib. II. 16., Dion Cass. LV. 10., Tacite, Ann. XIII. 44., fr. 12. pr. D. de accus. (48. 2), fr. 38. § 10. D. ad l. Jul. de adult. (48. 5). L'exemple cité par Valère Maxime est un cas extraordinaire. VI. 1, 7.

151) Tite-Live, XLIII. 16.

152) Tite-Live, IX. 26., Dion Cass. LVII. 21.

153) Cicéron, Catil. III. 6., Dion Cass. LIX. 23. LX. 15.

154) Fr. 12. § 3. 4. D. de accus. (48. 2).

155) C. 14. C. Th. de accus. (9. 1), c. 2. 13. C. J. de accus. (9. 2).

156) Paul, Sent. rec. V. 16. § 11., fr. 13. § 1. D. de publ. judic. (48. 1), fr. 1. D. an per alium. (49. 9), c. 3. C. de accus. (9. 2). Les textes suivants renferment encore une exception. c. 11. C. de injur. (9. 35), § 10. Inst. de inj. (4. 4).

157) Tite-Live, XXIX. 19. XXXIX. 17., Valer. Max. VI. 1, 10., Cicéron, Catil. II. 12., Suétone, Néron, 26.

158) Cicéron à Atticus. II, 24.

159) Festus, v° vades, Fragments de la loi Servil. c. 11. Voir aussi note 13.

d'infliger les arrêts, sans chaînes ni entraves, dans la maison d'un magistrat [160]). Mais plus tard, une détention proprement dite dut accompagner le mandat d'arrêt [161]), seulement l'agent qui était chargé de la faire exécuter devait accorder à l'accusé, quand il le demandait pour l'arrangement de ses affaires, au moins trente jours, pendant lesquels sa captivité était adoucie [162]). En cas de crime grave et manifeste, les autorités du lieu pouvaient aussi, sans mandat d'arrestation, retenir le malfaiteur qu'on leur avait amené, mais elles devaient le renvoyer au gouverneur dans un bref délai, avec ses accusateurs et leur rapport [163]).

La détention de l'accusé avait lieu selon la détermination du gouverneur, et pouvait s'exécuter de trois manières. L'accusé était, ou confié à des personnes qui en répondaient comme caution; ou soumis à la garde militaire; ou emprisonné [164]). La garde militaire pouvait être modérée [165]), mais elle pouvait aussi être très-rigoureuse [166]). Quelquefois on y employait, au lieu de militaires, les esclaves publics de la ville [167]). L'accusé n'était point enchaîné dans la prison [168]), si ce n'est en cas de crimes graves, et même alors on devait le traiter avec les égards commandés par l'humanité [169]). On

---

160) Custodia libera, Tite-Live, XXIV. 45, Salluste, Catil., 47., Tacite, Ann. VI. 3., Dion Cass. LVIII. 3., Acta procons. S. Cyprian. 2.

161) Pour les exceptions, voy. code Théodosien, c. 1. de exhib. reis. (9. 2).

162) C. 3. 6. C. Th. de exhib. reis (9. 2), c. 2. C. J. eod. (9. 3).

163) Fr. 6. D. de custod. reor. (48. 3), c. 5. C. Th. de exhib. reis (9. 2), c. 7. C. de defens. (1. 55), Actes de St Jacques, 4. 5. 9., de St Claud., de St Felic. 3., et de St Didym. 1.

164) Fr. 1. 2. pr. fr. 3. 4. D. de custod. reor. (48. 3).

165) Actes des apôtres, XXVIII. 16.

166) St Ignace aux Romains 5., Sénèque, de tranquill. 1. 10., Symmaque, Lettres X. 70.

167) Pline, Lettres X. 30. 31.

168) C. 2. C. de exhib. reis (9. 3).

169) Acta S. Felic. 4., c. 1. C. de cust. reor. (9. 4).

usait naturellement de moins de ménagements avec les condamnés ou les accusés dont le crime était avoué [170]).

857. La surveillance des prisons appartenait à Rome aux
triumviri capitales, et aux esclaves qui étaient sous leurs ordres [171]). Dans les provinces, elle rentrait dans les attributions du préteur, qui était tenu de faire faire des rapports
détaillés sur les emprisonnements [172]). Plus tard, les prisons
furent confiées au *commentariensis*, sous la subordination
duquel se trouvaient placés des archers et des geôliers [173]).
Son devoir était de faire un rapport mensuel sur les détenus,
et de pourvoir à l'exécution de la règle, relativement douce,
des prisons [174]), sur lesquelles les évêques furent appelés à
exercer une mission de surveillance [175]).

858. L'exécution suivait de très-près le jugement, quand il
n'y avait point de pourvoi exercé ou possible [176]). Ce n'est que
pour les condamnations capitales prononcées par le Sénat
qu'on dut accorder un délai de dix jours avant l'exécution [177]);
il était de trente jours pour les sentences par lesquelles l'empereur lui-même avait prononcé des peines graves [178]).

C'étaient autrefois les *quæstores parricidii* qui présidaient
aux exécutions [179]); plus tard, ce furent les triumvirs avec les
valets de bourreau [180]); dans des circonstances célèbres, ce

---

170) Fr. 5. D. de custod. reor. (48. 3.), fr. 4. pr. D. ad l. Jul.
majest. (48. 4), fr. 6. § 7. D. de injusto (28. 3), c. 2. C. de exhib.
reis (9. 3).

171) Fr. 2. § 30. D. de origin. jur. (1. 2), Tite-Live, XXXII, 26.,
Valère Max. V. 4. 7.

172) Cicéron, in Verres. V. 57.

173) C. 5. § 1. C. Th. de iis quæ admin. (8. 14), Joan. Lydus III. 8.

174) C. 4. 5. C. de custod. reor. (9. 4.), c. 9. C. de episc. aud. (1. 4).

175) C. 9. 22. C. de episc. aud. (1. 4).

176) C. 5. C. de cust. reor. (9. 4).

177) Dion Cass. LVII. 20., Suétone, Tibère 75., Tacite, Ann. III. 51.

178) C. 20. C. de pœn. (9. 47).

179) Denis d'Halic. VIII. 78.

180) Fr. 2. § 30. D. de origin. jur. (1. 2), Valère Max. V. 4, 7. VIII.
4, 2., Salluste, Catil. 55., Tacite, Ann. V. 9.

fut un questeur, un tribun, le préteur, ou même un consul
avec les formes usitées dans l'ancien droit [181]); enfin le préfet
des *vigiles* ou le *prætor populi* [182]). Hors de Rome, le président
de la province y déléguait un centurion [183]); quelque temps
après, cela fit partie des fonctions du *commentariensis* [184]).
L'exécution était faite par un licteur quand il s'agissait de la
décapitation [185]); lorsque l'accusé devait subir une mort infa-
mante, la sentence était exécutée par le bourreau qui, d'après
les *censoriæ leges*, ne pouvait point habiter la ville [186]). Plus
tard, on employa pour ce service un individu attaché à l'armée, le *speculator* [187]). Les exécutions avaient lieu hors des
portes [188]), en un lieu destiné à cet usage, et qui était la propriété de la ville [189]). Le corps du supplicié était abandonné
aux bêtes, ou ignominieusement traîné à la rivière [190]); plus
tard cependant on le livra habituellement aux parents qui le
réclamaient pour l'ensevelir [191]). Les menus objets mobiliers
que le condamné avait sur lui étaient déposés dans une caisse
particulière chez le président de la province [192]).

Lorsque le juge avait prononcé une peine pécuniaire, le
condamné était tenu de donner caution au trésor public, ou
de se constituer prisonnier [193]); et quand le payement n'avait

181) Tite-Live, II. 5. VI. 20., Dion Cass. LVIII. 3. 4. 15. LX. 18.,
Tacite, Ann. II. 32.

182) Nov. Just. 13. c. 6. pr.

183) Evang. de St Marc. XV. 39. 44. 45., Passion de St-Cyprien, 18.

184) Acta S. Pionii 21., S. Claude. 3.

185) Tite-Live, II. 5., Cicéron, in Verr. V. 45.

186) Cicéron, pour Rabir. 4. 5., Cicéron in Verr. V. 6., Lactance,
Divin. inst. IV. 26.

187) Evangile de St Marc. VI. 27., Sénèque, de ira. I. 16., Dion
Cass. LXXVIII. 14. Acta proc. S. Cyprian. 5., Acta S. Claud. 3. 5.

188) Tite-Live, VIII. 15., Tacite, Ann. II. 32., Plutarque, Galba. 28.

189) Frontin, de controv. agror. p. 55.

190) Cicéron, in Verr. V. 45., Valère Max. VI. 3, 3., Dion Cass.
LVIII. 1. 5. LX. 35., Suétone, Tibère. 61., Acta S. Claud. 3. 4. 5.

191) Fr. 1. 2. 3. D. de cadav. punit. (48. 24).

192) Pannicularia, fr. 6. D. de bon. damnat. (48. 20).

193) Tite-Live, XXXVIII. 58. 60., Aulu-Gelle, VII. 19.

pas lieu, les questeurs étaient envoyés en possession des biens [194]). Dans ce cas, et dans d'autres encore où les biens d'un condamné étaient vendus par l'Etat, on appliquait les règles de la *bonorum sectio* [195]).

859. Les voies de recours appartenant à l'accusé étaient : le droit de provocation au peuple, avec toute l'étendue qu'il comportait [196]), et l'appel aux tribuns [197]). Ces derniers pouvaient être invoqués dès le principe contre l'accusation ou la demande d'une peine [198]). Ils rendaient alors un décret en forme, après une délibération prise dans leur collége, à la majorité des voix [199]). Quant aux *quæstiones* qui étaient instituées par le peuple, et aux commissions qui le représentaient, leurs sentences ne pouvaient donner lieu à la provocation [200]).

C'est avec l'Empire que commencèrent les appels au prince [201]). Le recours aux autorités supérieures finit par devenir d'un usage ordinaire [202]), et fut soumis aux mêmes formes et conditions que celui qu'on exerçait dans les affaires civiles [203]). Le premier venu pouvait interjeter appel pour le condamné [204]). Il y avait cependant certains crimes graves

---

194) Tite-Live, XXXVIII. 60., Lex (Acilia repetund.) liv. 8. 9. (Haubold, Monum. p. 75), Fragments de la loi Servil. c. 17. 19. 20., Tacite, Ann. XIII. 28.

195) Voy. § 757.

196) Voy. § 831.

197) Tite-Live, XXXVIII. 58. 60.

198) Tite-Live, XXVI. 3., Cicéron, in Vatin. 14.

199) Zonaras, VII. 15., Aulu-Gelle VII. 19., Tite-Live, XXVI. 3. XXXVIII. 60.

200) Cicéron paraît seul contraire à cette opinion, Philipp. 1. 9. Voir sur ce point Geib, Criminalprocess. pages 387—391., Eisenlohr, Provocatio, page 30.

201) Voy. § 352. 841.

202) C. 20. 57. 58. 61. C. Th. de appell. (11. 30), c. 29. C. eod. (7. 62).

203) C. 6. § 3. c. 12. C. de appell. (7. 62), c. 7. C. quor. appell. (7. 65).

204) Fr. 6. D. de appell. (49. 1), fr. 2. § 1. 3. D. quando appell. (49. 4).

dont la punition ne pouvait être différée par l'appel quand il il y avait eu aveu complet ou preuve évidente [205]).

On trouve un exemple de l'abolition de la peine sous la République, où l'on voit le peuple accorder la grâce et le rappel d'un exilé [206]); peut-être aussi le tribunal qui avait prononcé la condamnation, était-il autorisé à cet égard [207]). Sous l'Empire, ces faveurs furent de deux espèces [208]); mentionnons d'abord la grâce *(indulgentia)* accordée par l'empereur pour un cas déterminé ou pour toute une série de délits de la même espèce; tantôt remettant la peine déjà prononcée, tantôt mettant en oubli la procédure commencée dans une affaire encore pendante [209]); il y avait ensuite la restitution qui effaçait le crime et la peine, et remettait absolument le condamné dans l'état dans lequel il se trouvait avant le fait incriminé [210]). Une touchante manifestation du droit de grâce avait lieu sous l'empire de l'ancienne religion, lorsque dans des moments de détresse on implorait le secours des dieux par des sacrifices et des supplications; les captifs étaient alors débarrassés de leurs chaînes pour ne plus les reprendre [211]). C'est le même esprit qui, sous les empereurs chrétiens, à Pâques, en ce grand jour d'allégresse de la chrétienté, faisait rendre

---

205) Fr. 16. D. de appell. (49. 1). — C. 1. 4. 7. 31. 33. C. Th. quor. appell. (11. 36), c. 15. C. Th. de pœn. (9. 40), c. 1. C. Th. ad l. Jul. de vi (9. 10.), c. 1. § 3. C. Th. de rapt. (9. 24). — C. 2. C. J. quor. appell. (7. 65), c. 6. C. ad l. Jul. de vi (9. 12), c. 1. pr. C. de rapt. virg. (9. 13).

206) Tite-Live, V. 46. Ainsi notamment Cicéron, Plutarque, Cicéron, 33., Dion Cass. XXXIX. 8.

207) Valère Max. V. 4. 7.

208) Voy. Plochmann, Das Begnadigunsrecht (Erlangen 1845), § 8.

209) C. 9. C. ad l. Cornel. de fals. (9. 22), c. 2. 5. 7. 9. C. de sentent. pass. (9. 51), c. 3. C. de gener. abolit. (9. 43), tit. C. Th. de indulgent. crimin. (9. 38).

210) Fr. 27. pr. D. de pœn. (48. 19), c. 1, C. de sentent. pass. (9. 51), fr. 1. D. de sentent. pass. (48. 23).

211) Tite-Live, V. 14.

la liberté à ceux qui avaient été mis en prison pour des délits de peu d'importance [212].

860. La procédure criminelle que nous avons décrite jusqu'à présent n'excluait cependant pas d'autres moyens activement employés par la puissance publique pour la recherche et la punition des crimes. On en trouve déjà des exemples à l'origine de Rome, dans des cas extraordinaires, à propos desquels, sur l'ordre du peuple, ou du Sénat on employait la procédure d'enquête contre tous ceux qui avaient pris une part quelconque à un crime dénoncé aux autorités. Ici la procédure prenait un caractère tout à fait inquisitorial. Des récompenses étaient promises aux dénonciateurs [213], des arrestations étaient ordonnées et des citations envoyées sur des indices offrant quelque probabilité; on faisait subir des interrogatoires et on prononçait des condamnations [214]. Un pouvoir semblable était exercé dans les provinces par le gouverneur contre les gens dangereux et ennemis du repos public [215]. En Orient, les Irénarques étaient obligés de seconder les efforts des autorités [216]. C'est dans cet esprit que furent particulièrement dirigées tant d'enquêtes contre les chrétiens [217]. Il faut aussi rattacher à ce genre de procédure les règles sur les *indices* et les *quadruplatores*. On entendait surtout par les premiers les complices qui avaient dévoilé à la justice le plan d'un crime, et auxquels dans certains cas on accordait

---

212) C. 3. 4. 6. 7. 8. C. Th. de indulg. crimin. (9. 38), c. 3. C. J. de episc. audient. (1. 4).

213) Tite-Live, XXXIX. 14. 17., Dion Cass. LV. 27.

214) Tite-Live, VIII. 18. XXXII. 26. XXXIX. 14. 17. 18. 29. 41. XL. 43.

215) Fr. 3. 13. D. de off. præsid. (1. 18), fr. 4. § 2. D. ad l. Jul. pecul. (48. 13), fr. 6. § 1. D. de custod. reor. (48. 3), fr. 22. D. de quæst. (48. 18).

216) Fr. 6. pr. D. de cust. reor. (48. 3), Epist. eccles. Smyrn. de martyrio S. Polycarpi. 6., Acta S. Tryphon. 1. Comp. § 314.

217) Actes de St Justin. 1—5., de St Pionien. 3. 10., St Tryphon. 1., St Cyprien. 1. 2. 3., St Jacques. 2., St Saturnin. 2., Pline, Lettres. X. 97. 98.

l'impunité [218]. Le nom de *quadruplatores* se rapportait, autant
qu'on peut le supposer, à des récompenses qui, dans des cas
désignés, étaient prises sur les biens du condamné pour les
distribuer aux délateurs qui l'avaient livré [219]. Dans les derniers temps de l'Empire, il fut de principe qu'en général les
crimes pouvaient aussi être dénoncés par les employés composant les bureaux des magistrats [220], et par les agents de
police répandus dans les diverses parties de l'Empire [221]. La
formalité de l'inscription n'était plus nécessaire ici [222], mais
les dénonciateurs étaient tenus de défendre et d'expliquer leur
rapport [223].

861. Il reste encore à mentionner, en matière de procédure
criminelle, celle qui était en usage pour des infractions plus
légères. Les châtiments et les amendes qu'un magistrat croyait
devoir infliger pour le maintien de son autorité étaient pro-
noncés sans aucune procédure, et les amendes immédiatement assurées par la saisie d'un gage [224]. L'argent était,
sans nul doute, versé dans le trésor des sacrifices [225]. Les
amendes formellement prononcées par les lois pour punir
un fait incriminé, donnaient lieu à une action devant le

---

218) (Ascon.) in divin. 11. p. 114 Orell.

219) (Ascon.) in divin. 7. in Verr. II. 7. p. 110. 208., Festus, v.
quadruplatores. Une détermination exacte n'est pas possible ici. Voir
Geib. Criminalprocess. pages 104—107. 257. 533.

220) C. 7. C. de accus. (9. 2), c. un. C. de mulier. (9. 11).

221) Curiosi, Stationarii, Liban. in Julian. imp. necem. p. 294. 295.
ed. Morell., St Augustin, Lettres. 159. 160., c. 31. C. Th. de episc.
(16. 2). Voir aussi sur ce sujet § 364. notes 57. 65.

222) C. 7. C. de accus. (9. 2), c. 1. init. C. de cust. reor. (9. 4.),
c. 61. C. Th. de appell. (11. 30). On pouvait cependant accuser en suivant cette formalité. Symmaque, Lettres. X. 70.

223) Fr. 6. § 3. D. ad Sc. Turpill. (48. 16), c. 1. C. de curios. (12.
23).

224) Lex Quinctia de aquæduct. (Haubold, Monum. p. 175. 176).

225) De là le *multæ sacramentum* dont parle Cicéron, de republ. II.
35., mais qu'il ne faut point, comme le font plusieurs auteurs, rapporter
à la *legis actio*.

préteur et à la nomination de récupérateurs [226]). La perception s'en faisait aussi par la saisie de gages [227]) ou, quand il le fallait, par une prise de possession du patrimoine [228]) au profit du trésor public ou de la caisse des sacrifices [229]). Dans les provinces, le président fut investi d'un pouvoir général à l'effet de poursuivre et de punir sommairement les infractions légères [230]). Les accusations portant sur des délits peu graves et soumis à la compétence des magistrats ou des défenseurs des cités, pouvaient à plus forte raison s'intenter sans la formalité de l'inscription [231]).

---

226) Lex (Acilia repet.) lin. 7. 8. (Haubold, p. 75), Lex de magistr. aquar. (Haubold, p. 178).

227) Lex Quinctia de aquæduct. (Haubold, p. 175).

228) Lex (Acilia repet.) lin. 9. (Haubold, p. 75).

229) Fragm. plebisc. antiq. lin. 5. 6. (Haubold, p. 83).

230) Fr. 6. D. de accus. (48. 2), fr. 9. § 3. D. de off. procons. (1. 16), fr. 8. § 10. D. ad. Sc. Turpill. (48. 18).

231) C. 8. C. Th. de jurisd. (2. 1), c. 1. C. de Abig. (9. 37).

FIN.

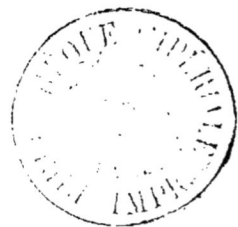

Sommaire.

———

———

Livre cinquième.

Délits et Peines.

Grenoble, imprimerie de A. Baratier. — 18-3-65.

www.ingramcontent.com/pod-product-compliance
Lightning Source LLC
Chambersburg PA
CBHW060430090426
42733CB00011B/2214